シンデレラ

幸せを呼び込む7つの習慣

人生を180度変える幸福のメソッド

小枝 雅与

Cinderella's Seven Habits

Table of Contents

Table of Contents

Table of Contents

Prologue

はじめに。
ダンドリーナからのご挨拶

こんにちは。小枝雅与です。

この度は私史上初の著書となった『シンデレラ　幸せを呼び込む7つの習慣』を手に取ってくださり、誠にありがとうございます。

実は私、周囲から「ダンドリーナ」だとか「段取り道のお家元」と呼ばれておりまして、常に努めて忙しく、サクサクサクサク動いています。

詳しくは後述しますが、いつどんなときでもタイムマネジメントに工夫を凝らし、段取りよく、効率的に、合理的に時間を使って活動することがモットーです。

そんなこともありまして、これからお話しすることを皆さんに「なるほど～」とご納得していただく導入として、まずは少しばかり私自身のことを語らせていただきますこと、どうか、お許しください。

「トレイン」PRディレクターとして
「ショップチャンネル」カリスマゲストとして

1964年の富山生まれ。放蕩息子の実業家、スポーツ万能・遊びの天才である父と、ひまわりのように明るい母の下に、二人姉弟の長女として誕生しました。

離乳食の頃から食べる順を指さし、「抱っこ」のときは常に顔も体も「外」に向け、大人に抱き方を指示するような、意志の強い赤ちゃんだったそうです。

小学校では「人と違う色がいい」という理由から、私以外の全員が赤・黒ランドセルだった校内でただ1人、オレンジ色のランドセルを背負い、ルンルンと登校していました。学校で支給された黄色い傘には、油性マジックで水玉模様を描き込んで、「私のだけ、すごく可愛い」と、雨の中、ご機嫌で歩いていたのを、昨日のことのように思い出します。

高校時代は憧れの東京生活を実現するため、当時流行っていた『an・an』『JJ』を一字一句チェックし、トレンドを分析しながら、東京での生活を虎視眈々と段取っておりました。

大学在学中に高橋圭三さん（ご存じですか？　今でいうＭＣの大御所だったお方です）にスカウトされ、プロダクションに所属。ナレーターやリポーター、ＭＣに。

その後、高級宝飾店でのＰＲディレクターを経て、１９８９年に現在の「トレイン」の前身となる「トレイン インターナショナル」へ入社。ＰＲディレクターとして活動を開始します。

今、振り返っても、ＰＲディレクターという仕事は、私にとって天職でした。

元来かなりのお節介気質。「素晴らしい！」と思い込んだ物や情報を、マッチすると思われる人たちに「熱く伝えたい！」という気持ちをどうにも抑えきれないのです。この気持ちを原動力に、全力でＰＲディレクターの仕事に打ち込んできました。

その私がファッション雑貨のプロデューサーに転身する大きなきっかけとなったのは、当時のストッキング界に革命をもたらしたイタリア製シリコンストッパー付きストッキング、ご存じ「ステイフィット」の企画・開発に関わったことでした。

２０００年４月に発売された「ステイフィット」は爆発的なヒットを飛ばし、わずか１ヵ月でソニープラザ（現在のプラザ）の全商品中売り上げ１位に。新宿伊勢丹では、ある１日で６０８足を売り上げ、同店のストッキング売り場の記録を更新。翌年には韓国、中国に進出し、アジア・スケールでの大ヒット商品となりました。

テレビ通販最大手である「ジュピターショップチャンネル」バイヤーさんからの熱烈なお誘いを受け、同番組に初めて出演したのは、2003年のことです。その後、カリスマゲストに認定され、2006年には段階的着圧ストッキング「メディカルステイフィット」が番組の最推しアイテムであるSSV（ショップスターバリュー）に昇格。

2008年には4時間で1億8千万円以上を売り上げるという大記録を達成したほか、「女優ミラー」も大ヒット。この年、「トレイン」は最高益を叩き出しました。

「ショップチャンネル」には、2021年の現在もカリスマゲストとして、年間約40時間の出演を続けています。

がんサバイバーとして
ミレニアムを生きてきました

一方で私生活は……というと、なかなか波瀾万丈というか、がんサバイバーとして戦い続ける人生です。

はじまりは1999年。35歳のときに子宮頸がんが発覚します。

手術を含め3ヵ月の休養を余儀なくされましたが、実はこの休養中、私の頭の中を120％占めていたのが、フランス人の友人からプレゼントされたシリコンストッパー付きストッキングでした。そう。あの「ステイフィット」発案の原型となった商品です。

手術は1999年のクリスマスイブ。なんと翌年の4月には、「ステイフィット」は商品としてデビューしていました。企画やプロモーション含め、猛烈に働いたことは確かですが、今となってはよくこんなスケジュールで動けていたなとしか（笑）。


会社が最高益を上げた2008年には、夫の大腸がんが発覚、余命宣告を受けます。

翌年、夫は肝臓がん疑惑で再びの大手術に。

東日本大震災があった2011年には、今度は私に卵巣がんが見つかります。

このとき、がんから生還していた夫はトライアスロンの自転車で転倒、大腿骨を粉砕骨折。

私は夫がリハビリ中の9月に、卵巣がんの摘出手術。

翌年2012年からは、ホルモンバランスの崩れからくる酷い鬱の症状に悩まされました。

さらに2018年、夫が今度は急性肝炎でICUに。彼は2020年にもセグウェイで転倒。両手首骨折という怪我をしています。
ここまで書いて改めて、ミレニアム前夜からの私の人生は、ひたすら「慌ただしかったな～」というのが実感です。

シンデレラこそが、私の幸運の鍵 生きる道標です

さて、ここからが本題です。

「なぜ、今、シンデレラなのか？」

「ステイフィット」が誕生し、「ショップチャンネル」のカリスマゲストとして活動するうちに、おかげさまでいくつかの講演やセミナーで、私自身のことをお話しさせていただく機会をいただきました。
そして数年前、元アツギのアートディレクターで私の友人、現在はギネス世界記録認定のシンデレラコレクターである川田雅直さんが、講演を聴きにいらしてくださったのです。

そして、私が話した内容、日々、心がけていると話した習慣こそが、「シンデレラの習慣そのものだね！」と、ご指摘くださったのです。

これには本当に驚きました。

実は私、**子供の頃からシンデレラが大好きなんです！**

シンデレラは、世界中で一番多くの女のコに愛された、魅力的なプリンセスです。

でも実は、シンデレラのストーリーにはもうひとつ、皆さんにあまり知られていない物語が存在します。

物語にしろアートにしろ、歴史に埋もれることなく生き続けてきた、綺麗なもの、美しいものには、必ず人間の英知がこめられているものです。生きるヒントも満載で、学びも多いもの。

私は大好きなシンデレラから受け取った「気付き」や学びを、長年、無意識のうちに取り入れ、「7つの習慣」としてコツコツと実践していたのです。

なんというシンクロニシティでしょう!!

2020年から続くコロナ禍では、リモートワークへの移行により、家で1人考える時間が増えました。そこでますます、私のシンデレラに対する思いは強くなっていったのです。

強烈な光には濃い影がセット「運が悪いだけ」の人などいない

先にお話しした通り、今までの私の人生は、幸運なことにもたくさん恵まれました。

でも一方で、夫婦ふたりを襲ったがんとの戦いには非常に多くのエネルギーが費やされ、決して平穏と呼べるものではありませんでした。

平たくいえば、「物凄く大変」な道のりでしたが、それでも私は自分自身が「運が悪かった」とはまったく思っておりません。

「人生はきっちり、プラスマイナスゼロ」。そう考えています。

人には、それぞれ与えられた「器」があります。

どんな人生で、どんな経験をするかは、その人の「器」の中で、光と影がきっちり、等分に存在すると思うのです。

鋭く目を射るような強烈な光には、それ相応の色濃い影が。ほっこりとした陽だまりのような光には、ほんのりとやさしい影が、それぞれ寄り添う。

光と影は、常にセットです。表と裏の顔を持つ、オセロの駒のようなものかもしれません。今まで、「自分はあんまり運がよくなかったな～」と思っている方も、どうぞご心配なさらずに。あなたは今まで生きてきて、たまたま、運に恵まれなかっただけ。これからはきっと、どんどん運が巡ってくるはず。

「幸運の女神には前髪しかない」から、チャンスがきたときにしっかり摑まなければ、気づかないうちに通り過ぎてしまう、とも言われています。

でも大丈夫。日々、コツコツと努力を続ける人には、いずれ周囲の評価が集まって、結果、運が巡ってくるものです。

この本では、私がシンデレラから学んだ「幸せの引き寄せ方」を、「7つの習慣」としてご紹介します。

シンデレラから得た「7つの習慣」で「幸せを呼び込む体質」に

生きるということ、人生は、「一瞬一瞬の積み重ね」です。

私たちが一瞬一瞬をどう生きるか。生き方の「クセ」は、日々、結果として積み重なり、澱《おり》のように溜まっていきます。クセは、その人の生き方そのものでもあるのです。

多くの人は無自覚に、見過ごしてしまうような些細なことでも、この「クセ」を「よい習慣」として自分の中に定着させ、心身に馴染ませていくことが、「幸せを呼び込む体質」に近づく方法です。

私は偶然にも、これらのヒントをシンデレラのストーリーから学びました。

生来のお節介気質から、この素晴らしい「7つの習慣」を、皆さまに熱くお伝えしたく、本を出版する運びとなりました。

少しでも、お役に立てれば幸いです。

小枝雅与

Chapter 1

王子様を待つだけではない もうひとつのシンデレラ物語

私たちは知らない。
たくさんの「シンデレラ」ストーリー

シンデレラは、世界中の国々でもっとも多くの人々に愛され、時代を超え出版されてきたプリンセス物語です。

古くは古代エジプトから中近東、アジア、北アメリカなど、世界をほぼ網羅するほどの広範囲で、口承で伝えられたシンデレラ物語は、実に550もの類話があると言われています。その国ならではのエッセンスや時代性などが加わり、多彩なバリエーションが生まれました。

現在、史実にもとづくもっとも古いシンデレラ物語とされているのは、古代エジプトに伝わった『ロドピスの靴』。この物語は紀元前5〜6世紀には存在していたといいますから、驚きです。

日本で一番、有名なシンデレラと言えば、ディズニー映画の『シンデレラ』でしょう。今から320年以上も前、ルイ14世時代の1697年に、宮廷詩人シャルル・ペローが書いた『サンドリヨン あるいは小さなガラスの靴』という絵本が原案になっています。

継母にいじめられる可哀想なシンデレラ。突然現れる魔法使い。かぼちゃは馬車に、犬は従者に。ガラスの靴に優雅なドレス……。王子様との結婚で幕を閉じるハッピーエンドのストーリーは、世界中の少女たちを虜《とりこ》にしてきました。

ディズニーが描く『シンデレラ』。

「信じ続ければ、願いは叶うでしょう」

ディズニー映画のシンデレラは、どんな辛い状況にあっても、いつか幸せになることを夢見て、笑顔を絶やすことはありませんでした。

彼女は小鳥たちに向かって、こう歌います。

どれだけあなたの心が嘆いていても
あなたが信じ続ければ
願いは叶うでしょう

（『A Dream Is A Wish Your Heart Makes（邦題：夢はひそかに）』）

前述の通り、原案者であるシャルル・ペローは、宮廷詩人でした。ヴェルサイユ宮殿に住んでいたというだけあって、彼が描いたシンデレラは、とても優雅でゴージャス。華やかな舞踏会など、ヨーロッパの宮廷文化の影響が色濃く表れています。

シンデレラが金髪の美しい白人女性として描かれていることも特徴のひとつです。

1950年という時代。王室のないアメリカで、ディズニーの『シンデレラ』は、なぜこんなにも人々を夢中にさせたのでしょうか。

シンデレラ研究家でもある川田雅直さんは、こう分析なさっています。

「アメリカでは、階級社会のヨーロッパとは違い、夢に向かって努力すれば成功することができる、いわゆる『アメリカン・ドリーム』という言葉が国民の心の中に根付いています。**惨めな境遇を耐え抜き、王子様と結婚して幸せになるシンデレラの物語は、まさしく『アメリカン・ドリーム』そのもの**だったのではないでしょうか」

“棚ぼた人生”ストーリーは今の時代にマッチしない？

確かに、常に希望を失わず、「夢を願い続ける」シンデレラは、可愛らしく健気です。それでいて芯の強さも備えた性格は、男性目線で「守ってあげたい」と思わせる、いわば「男性にとって理想の女性像」だったのかもしれません。

一方の少女たちも、「白馬に乗った王子様が現れて、お姫様と結婚しました。めでたしめでたし」という型にはまったロマンティック・ストーリーを夢見ていられた、幸せな時代でした。

とはいえ、ダイバーシティが重視され、ジェンダーの公平性が求められる現代において、ただただ愛らしく、夢を「信じ続け」ているだけのシンデレラに、違和感をもつ人も少なくないようです。

実際、私の周囲からは、こんな声が聞こえました。

「たいした努力もしないでプリンセスになった、〝棚ぼた人生〟ストーリー」

「魔法使いが現れなければ、どうなっていたか。泣いて待つだけのつまらない人生よね」

「ガラスの靴を落としてくる、あざとさがキライ」

確かに、今やシンデレラ的な生き方は、時代にマッチしていないのかもしれません。

あなたが知らない「もうひとつのシンデレラ」

実はヨーロッパにはもうひとつ、シャルル・ペロー版に次いで有名なシンデレラ物語が存在します。

それがグリム兄弟によって書かれた『灰かぶり姫』です。ペロー版シンデレラの約120年後、1812年にドイツで発表されました。

グリム兄弟の『灰かぶり姫』が、ペロー版と大きく違っているのは、主人公の灰かぶり姫（シンデレラ）も王子様も、とても行動的なこと。

ペロー版に登場する王子様は、臣下にガラスの靴に合う女性を探させ、のんびりあくびをしながら報告を待ちますが、グリム版では自ら策を弄し、その知性を遺憾なく発揮します。

舞踏会や金銀のドレス、銀の刺しゅうの入った靴なども登場しますが、それらはあくまで、単なる小道具。

そして灰かぶり姫は、常に明確な意志を持っています。「舞踏会に行きたい」「汚い服を着た姿では、王子には会いたくない」……ｅｔｃ．自分が何を望んで、何を手に入れたいのか。

そのために何をしたらよいのか。自分で考え、行動することができる女性です。運命を受け入れるだけ、王子様を待つだけのお姫様ではなく、自分から人生のチャンスを摑もうと、懸命に手を伸ばします。

何より、物語の根底に流れる価値観として、男女差を感じさせないのが素晴らしい。グリム兄弟は言語学者であると同時に教育者だったそうですが、物語の端々に人生のヒントがちりばめられているのです。

私自身はこの物語から、「女性は男性に隷属して生きる性ではない」という強いメッセージを感じました。

私とシンデレラを繋ぐハシバミの「小枝」

グリム版の『灰かぶり姫』が、ペロー版のシンデレラと大きく違うところは、もうひとつあります。

シンデレラを見守り、助けてくれるのは、フェアリーゴッドマザー（魔法使い）ではなく、ハシバミの「小枝」なのです。

ハシバミとは、ヘーゼルナッツがなることで知られる木ですが、古代ゲルマン時代から、生命を守る木として、人々の信仰の対象となっていました。『ハリー・ポッター』の杖の素材としても有名ですし、WHOのシンボルマークにも使われています。

物語では、幼い灰かぶり姫を遺して死んでしまう、優しかった亡き〝母の化身〟としての意味も持っているそうです。

灰かぶり姫を助けるラッキー・アイテムは、ハシバミの「小枝」……そう、私の名前と同じ「小枝」なのです！　なんて不思議なシンクロニシティ！

そして私とシンデレラを結ぶ縁はもうひとつ……。

イタリアの詩人、バジーレの『ペンタメローネ』（1634〜36年）という民話集に、『灰かぶり猫』という物語が収録されています。

実はこれがヨーロッパで一番古くから伝わるシンデレラのお話で、ペロー版やグリム版の原型になっているらしい、ということを知ったのです。

バジーレの『灰かぶり猫』には、ナツメの「小枝」が出てきます。これをグリム兄弟が、人々に崇《あが》められていたハシバミに改変したのではないかといわれています。

「ステイフィット」を通じて、私がイタリアとのビジネスをはじめてから20年以上になります。お世話になったイタリアに、いつか何らかのかたちで恩返しがしたいと思っていた私にとって、「小枝」が繋ぐ縁は、いっそう特別なものに感じられたのです。

グリム兄弟の『灰かぶり姫』

グリム兄弟による『灰かぶり姫』が発表されたのは、1812年。

当時のドイツは、300もの小国に分かれ、絶え間ない戦争に明け暮れていました。共用語はフランス語。ドイツ独自の文化はまだ確立されていなかった時代です。

宗教紛争、疫病、飢餓、犯罪、公開処刑、他国からの襲撃……常に「死」が身近だった時代の口承文芸が、物語の原点となっています。

そのため、私たちからは想像もつかないような、残酷な内容の絵本も多かったのです。

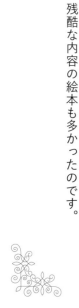

実際、『灰かぶり姫』でも、継母が容赦なく2人の姉の足を切り落とさせたり、鳩が姉たちの目をついばんで盲目にしてしまったり。残忍な場面が出てきます。

STORY

ある金持ちの妻が病気になりました。妻は「神さまを大事にしてよい子にしているんですよ。私はいつも天国からお前を見守っていますからね」と娘に言い残し、息を引き取りました。

娘は毎日母親の墓に出かけて、涙にくれていました。

しばらくして父親が再婚し、継母と2人の姉がやってきました。姉たちは顔はきれいでしたが性格が悪く、娘の服を取り上げてぼろを着せ、家の仕事をさせました。娘はかまどの側で寝ていたので、いつも灰まみれでした。姉たちは娘を「灰かぶり」と呼んで馬鹿にしました。

娘の父親が市場へでかけることになると、姉ふたりは服や宝石をねだりますが、灰かぶり姫は帰り道に父親の帽子に触れた木の枝がほしいと言いました。灰かぶり姫は父親がくれたハシバミの小枝を母親の墓に植えて、毎日3回そこへ行くと涙を流しました。その涙で小枝はどんどん育っていき、立派な木になりました。

やがてその木に白い小鳥がやってきて、灰かぶり姫が欲しいものを口にすると持ってきてくれました。

あるとき、王子様が花嫁を選ぶための舞踏会が3日間開催されることになりました。2人の姉たちの支度を手伝った灰かぶり姫は、自分も舞踏会に行きたいと継母にお願いしました。

継母は灰の中にばらまいた豆を2時間以内で拾えば連れていくと言ったので、灰かぶり姫は小鳥たちの力を借りて終わらせますが、最初から連れて行く気のなかった継母は、約束を破って舞踏会へ行ってしまいました。

1人きりになった灰かぶり姫は、母親の墓へ行き、ハシバミの木にお願いすると、小鳥が飛んできて金銀でできたドレスと、銀の刺しゅうの入った靴を落としてくれたので、それを身に着けて舞踏会へと向かいました。美しく変身した灰かぶり姫を見て、継母たちはどこかの国の王女様がやってきたのだろうと思いました。王子はその美しさに夢中になり、灰かぶり姫以外と踊ろうとはしませんでした。

日が暮れて帰ろうとすると、王子は送っていくと言って彼女を追いかけてきます。王子から事情を聞いた父親は灰かぶり姫のことではと思いましたが、台所を確かめると娘が眠っていました。

翌日もハシバミの木にお願いすると、小鳥はより素晴らしいドレスを落としてくれました。立ち去ろうとする娘を王子はまた追いかけ、父親に聞きますが、娘はまた竈《かまど》の中にいました。

3日目、灰かぶり姫はこれまで以上に豪華なドレスと金の靴を身に着けて舞踏会へ行きましたが、今度こそは彼女を逃がしたくなかった王子が階段にタールを塗っていたので、金の靴が片方脱げてしまいました。

翌朝、王子は靴を持って灰かぶり姫の家を訪れます。ふたりの姉が靴を試しますが、大きさが合わず、継母の指示で上の姉はつま先を、下の姉はかかとを切り落として、王子の探す相手は自分だと名乗り出ました。王子はそれを信じてお城に行こうとしますが、灰かぶり姫の母親の墓の前でハトが「靴の中は血だらけだ、本当の花嫁はうちにいる」と歌ったため、王子は引き返して灰かぶり姫に靴を履かせると見事にぴったりでした。

王子は灰かぶり姫を花嫁に決めて結婚式をすることになりました。幸せのおこぼれをも

ペロー版「ガラスの靴」が象徴するものは？

シンデレラといえば、真っ先に連想するのがガラスの靴。

繊細で壊れやすい〝ガラス〟という素材がなんともロマンティックで、世界中の少女が憧れの気持ちを抱いてきました……が。

靴は左右対称のかたちをしていて、必ず1対でセットになっています。そのため、古くから男女関係や結婚を表すシンボルとされてきたそうです。

さらにシンデレラでは、小さな靴が履ける、つまりシンデレラは足が小さいということが強調されています。

ヨーロッパなどでは、足が小さいということは、動き回る必要のない高貴な美しい女性を連想させ、逆に足の大きな女性は、労働者階級で不美人であるという固定観念があったそうです。

また、中国には纏足《てんそく》という習俗があり、小さい足の女性こそ魅力的で美しく、幸せな結婚を招くという考えがありました。

以上のことから、「ガラスの靴」をはいた女性が、高貴で美しく、魅力的な女性の象徴であることは間違いありません。

とはいえ、華奢で繊細な靴は、いかにも歩きにくそうです。社交の場にはお似合いですが、オフィスには不向き。

ガラスの靴は、「女性の幸せは、恵まれた条件での結婚にある」といった、古い価値観の象徴であるようにも思えます。

（参考：川田雅直『世界のシンデレラ』）

らおうと式にやってきたふたりの姉たちは、ハトに両眼をついばまれて盲目になってしまいました。

（川田雅直『世界のシンデレラ』ＰＨＰ研究所より）

ガラスの靴はもういらない「もうひとつのシンデレラ」

今、世界はコロナ禍という未曾有の困難に直面しています。

リモートワークによって自宅で過ごす時間が増え、自分と社会、あるいは人との関わり方を見つめ直すきっかけとした人も多いようです。

実際、私の周囲でも、働き方や時間の使い方など、ライフスタイルが少し変わった、とおっしゃる方は少なくありません。

一方で、多様性の尊重やジェンダーの問題など、社会が是とする価値観や在り方も、ものすごいスピードで変化しています。

大きな過渡期を迎えた今、どうしたら自分らしく生きられるのか、どうしたらもっと輝けるのか。分かれ道で決断に迷っている女性は、とても多いのではないでしょうか。

私自身はあと数年で60代を迎えます。20代、30代を振り返れば、迷いと決断、失敗と成功、さまざまな想い出に彩られた数十年でした。

もう駄目だ、と、心も体もボキボキに折れてしまったこともありました。おかげさまで、結果的には今日までそれなりにやって参りましたが、１度は心身ともに折れた経験を持つ私だからこそ、若い世代に送れるエールもあるはずです。

大変な世の中だけれど、大変な世の中だからこそ。女性には、元気に、力強く、凛と美しく生きていただきたいのです。

先日、ある方に、とても嬉しいことを言っていただきました。

「今や、日常生活で当たり前にパンティーストッキングを穿《は》く女性はいなくなってしまった。ただ待ってさえいれば、いつか王子様が現れると思っている女性も、多分、いないよね。20年前、日本女性の脚を窮屈なパンティーストッキングから解放したあなたが、『現代のシンデレラ』にどんな女性を思い描いているのか。とっても興味があるね」と。

多様な価値観を前に、すごいスピードで移り変わる社会を生き抜くためには、誰もが迷いや不安を感じるものです。

けれど、女性は誰でも、「ハシバミの小枝」を手に持って生まれたのだと、私は信じています。あなたの理想は、他の誰でもなく、すでにあなたの手の中にあるのです。

王子様はいくら待っても現れないかもしれない。けれど、ガラスの靴なんかなくたって、あなたは自分の足で力強く歩いていける。

たとえ今、辛い状況で、明るい希望をもつ夢見る気持ちにはなれなくても、長い人生には「逆転の奇跡」なんて、いくらでも起きるもの。

自分を信じて、自分に魔法をかけられるのは、あなただけです。

野心を持って、胸を張って生きていただきたい。心からそう願っています。

女性の誰もが、「もうひとつのシンデレラ」ストーリーの主人公です。

あなたの心の中に眠る、「あなただけのシンデレラ」を、どうぞ呼び覚ましてください。

Chapter 2

続けることで確実に習慣に「シンデレラになる」ための7つのメソッド

「幸せを呼び込む」ための
シンデレラに学ぶ「7つの習慣」

この章ではいよいよ、私がシンデレラから学んだ「7つの習慣」をご紹介します。
人生は、「一瞬一瞬の積み重ね」です。知らず知らずに何万回と繰り返す、生き方の「クセ」が、あなたの今後の人生をよい方向に、あるいは悪い方向にも導くのです。

私たち1人1人が、持って生まれた「能力」の差は、案外小さいものです。
ただ、年齢を重ねるごとに、「努力」の差は、広がっていきます。
そして「継続」の差は、もっと大きい。
でも、一番大きいのは、生き方の「クセ」のように、積み重なる「習慣」の差。

私自身は「7つの習慣」を、無意識に繰り返す「クセ」のように心身に馴染ませていくことで、一歩ずつ、着実に、夢の実現に近づいてきたような気がします。

7つの習慣

1

いつも前向きなシンデレラ。笑顔が王子様を引き寄せた

上機嫌はマナー 強運より、強縁体質になる!

動物たちに対してはもちろん、自分をいじめる継母や義理の姉たちに対してさえも、シンデレラが不機嫌な顔を見せることはありませんでした。舞踏会では、シンデレラが見せた笑顔に王子様は一瞬で虜に。他の誰とも踊ろうとすらしませんでした。シンデレラの笑顔が、過酷な現状を打ち砕き、新しい世界を切り開いたのです。

縁をつないでくれるのは、いつも「人」

私が取締役を務める「トレイン」が大きく飛躍するきっかけとなったのは、イタリア製のシリコンストッパー付きのストッキング、「ステイフィット」でした。

実はこの商品を企画・開発したきっかけは、フランス人の友人からのプレゼント。子宮頸がんの手術を受けた直後だった私は、シリコンによって太ももでピタッと留まり、お腹を締めつけない独特のつくりが女性の身体に優しいことを実感。すぐさま商品化に向けて動きました。

「女優ミラー」は、故・川島なお美さんや、宝塚の元男役トップスターの女優さんたちと食事をしていたときに、偶然いただいたLED付きの鏡が、ネーミングのヒントに。

「マカロンストラップ」も、友人からどら焼きくらいの大きさの手芸品をいただいたことがインスピレーションの素になっています。

「神の手ブラ」も友人との会話中にひらめいたネーミング。

実は弊社を代表するヒット商品はすべて、「人からもたらされた」ものばかりなのです。

情報やお金、そして幸せも、元を辿れば、すべては「人」からまわってくる。

自分自身の実体験から、こう確信しています。

強運よりも強縁力

私が弊社のPRディレクターだったとき、PRとは「パブリックリレーションズ」ではなく、「パーソナルリレーションズ」だという思いで活動していました。

メディアの方はそれぞれその道のスペシャリスト。確実に、私以上の情報を持っている方々です。忙しい彼らがわざわざ私のために時間を割いて会ってくださるのですから、毎回、最高のネタを提供できればそれがベスト。でも、叶わないこともあります。だったらせめて、全力で「感じよく」。笑顔で、上機嫌のオーラを発せられるよう心掛けてきました。

自他共に認めるダンドリーナとしてのプライドにかけても、むしろ忙しいからこそ、眉間にシワを寄せて走り回るより、見た目だけでも優雅に笑っている自分でいたかったのです。

私に「ステイフィット」のヒントを教えてくれた友人は多分、私がそのとき不機嫌な顔をしていたら、彼にとってもビジネスチャンスになり得た情報を、打ち明けてはくれなかったはず。

謙虚な姿勢で綺麗な言葉を使い、上機嫌な人にこそ、人は自分の大切なことを打ち明けてみたくなるものです。

少なくとも、ここを目指して努力を続けていれば、周囲はきちんと評価してくれるものです。結果、ご縁が生まれて、いろいろなモノもコトも情報も、引き寄せることができるのです。

反対に、不機嫌で感じが悪く、負のオーラを出している人に、よいご縁は回ってきません。人間関係と食べ物と環境。この三つのことを粗末にするのが、人としてもっとも品性に欠けた行為だと思うのです。

運がいいとか悪いとかで一喜一憂するよりも、まずは人とのご縁を大切にするべきで、上機嫌こそが奇跡を起こし、よいご縁を呼び込みます。

そもそも、「運」というものは天から降ってくるような不確実なもの。個人的には占いや風水等には、ほとんど興味がありません。当てになりませんから。

でも、「縁」であれば、確実に自分で引き寄せることができます。

私が「強運を願うより、強縁力が大事」と申し上げるのは、こういうことです。

「敬天愛人」が座右の銘 上機嫌で敬意を表します

「敬天愛人」とは、天をおそれ敬い、人をいつくしみ愛すること。

西郷隆盛の座右の銘として有名ですが、ビジネスの世界でも、「何事も、自分の利益のためではなく、世のため人のために行うべし」といった意味で、多くの経営者が企業理念としてこの言葉を掲げています。

「人を驚かせ、喜ばせることが大好き」な私の生きる指針も、まさにこの言葉に凝縮されています。

コロナ禍で、直接お目にかかれる機会が減って、改めて感じました。

私は人に会うこと、コミュニケーションを取ることが大好きです。だからこそ、人への気遣いや感謝の心を大切にしたい。

感じよく、上機嫌で人に接することは、他者への気遣い、敬意を表すことでもあるのです。

上機嫌になるための鍵はイマジネーション

「上機嫌の効果」をいっそう痛感したのは、2003年。「ショップチャンネル」への出演をオファーされ、生放送で自分のつくった商品を紹介するようになってからです。

「ショップチャンネル」に提供する商品は、ほとんどが番組のためにつくった限定品。もし売れなかったら、会社は残りをそのまま、在庫として抱えてしまいます。

テレビの通販番組で「売る」という行為は、こちらの勝手な都合で、お客様のお茶の間に不躾《ぶしつけ》に入り込み、一方的に商品の宣伝をはじめるようなものです。

まずは、お客様に私の話に耳を傾ける気持ちになっていただかねばなりません。

さらに、お客様自ら財布を開き、大切なお金を使って弊社の商品を買っていただかねばなりません。

私自身は、感じが悪かったり、不機嫌そうな人からは、絶対にモノは買いたくないタイプ。

どんな時でも、「もしも自分だったら……」と相手の気持ちを察知して、イマジネーションを働かせることのできる人だけが、上機嫌のマナーを身につけられるのです。

つまり、上機嫌のマナーを体得するための鍵は、イマジネーション（＝想像力）。人に対する気遣いができる人ほど、上機嫌のマナーを体得しやすいはず。

常に「相手が何を欲しているか」を考えて、「何かしてあげたい」と思ってしまう私のお節介気質は、ＰＲディレクターという職業病だったかもしれません。でも、「お節介」のきめ細やかさは、誰にも負けない自信があります。

そういえば、私の周囲には、いい意味でお節介な人が多いのですが、彼らはみんないつも上機嫌です。

よいエネルギーを周囲に放出しながら、キラキラと輝いています。

上機嫌は、周囲をハッピーなオーラで包み込み、知らず知らずのうちに、運気も上昇させてくれるのです。

人に「見られている」意識が高いイタリア人は上機嫌マナーの上級者

「ご機嫌伺い」、という言葉があります。手紙や日常の挨拶で「ご機嫌いかが?」と相手に尋ねるように、「機嫌」というのは、お互いに「察知しあう」ものです。

私はもう20年以上、イタリアとのビジネスをしています。

陽気なイメージが強いイタリア人ですが、彼らはいわゆる〝天然〟で、根っから明るいわけではありません。当然、個人差だってあります。

でも、イタリア人が本当にすごいのは、誰かと一緒にいるときは、幸せな時間や楽しむ気持ちを、全力で相手と共有しようと、努力・実行すること。

イタリア人の人生観を表現するのに、「マンジャーレ、カンターレ、アモーレ(食べて、歌って、愛して)」という言葉が使われますが、バカンスを心から愛する彼らは、まさに、「楽しく遊んで真剣に仕事をする」実践者です。

おしゃれも含め、人から「見られている」ことに対する意識も高いのです。

彼らがよく、通りに面したオープンカフェでお喋りしているのは、そこを通る人たちを「見て」、同時に自分たちも「見られて」いることを楽しんでいるから。

人から「見られている」という意識を、よい気のエネルギー(＝上機嫌)に変えていくのが習慣になっているようです。

しかも「楽しい時間を誰かと共有する」ことに歓びを感じて、それが相手へのサービス精神となって表れているのが素晴らしい。謙遜などは決してしない、自己愛度数の高さ、精神の健やかさも、心底、天晴れです。

実際、上機嫌マナーの達成率も高いので、大いに学ぶべきと、お手本にしています。

「上機嫌」のスイッチ。オン・オフを操れたら上級者

残念なことにこの1年、コロナ禍でリモートが増えたせいか、人との共存意識が薄くなってしまった人が増えているように感じます。

自分がいる場に対しての気配りや、仲間、他人を思いやる力が落ちてきてはいないだろうか。時には、自分に問いかけてみることも必要です。

気分が乗らなかったり不機嫌なのを、他人様に悟られるのは、大人として恥ずべきこと。ごくごく一部の特殊な天才以外、不機嫌は人に不快感を与えるだけの悪習です。

私の場合、一歩家から出て他人様と接している間は、「上機嫌のスイッチ」はずっとオンに

なったまま。オフになることは、まず100%ありえません。

たとえ心の奥底から上機嫌ではなくても、自分の意志でスイッチを切り替え、自在に「上機嫌モード」に入ることが可能です。

私の上機嫌スイッチは丹田にあるので、常に腹筋に軽く力を入れています。上機嫌でいると同時に体形をキープできて、結果的に健康にもよいのです。一石で二鳥どころか三鳥も四鳥もお得なところが、合理的でお気に入り。もう随分長いこと、習慣化しています。

上機嫌のスイッチは、人それぞれ違います。自分がどうやったら「上機嫌」のゾーンに入れるのか。それを知っておくことも、セルフマネジメントのひとつではないかと思います。

「本物の成功者」はいつでもどこでも上機嫌

「上機嫌のマナー」は、講演でも必ずお話しする私の最重要テーマなのですが、時々、「上機嫌？　なんかお調子者っぽくて、お馬鹿なイメージ」とおっしゃる方もいるようです。

特に若い世代は、「むしろ少し不機嫌ぽく見えるくらいのほうが、物静かで知的な印象」なんだとか。これはもう本当に……大きな勘違いです！

実際、私がお付き合いさせていただいている「超」がつく程一流の方は、皆さん本当に謙虚だし明るいし、いつも上機嫌。「感じのいい人」ばかりです。

「本物の成功者」に、感じの悪い人はいません。

しかもこのコロナ禍です。限られた機会と時間の中で、「会いたい」と思うのは、笑顔の素敵な、上機嫌な人ばかり。

愚痴が多かったり、不機嫌なことが多い人とは距離を置きたいと、以前に増して思うようになりました。

一流と呼ばれる男性は退屈顔の女性に興味を持たない

恋愛においても同様です。シンデレラが舞踏会に出たときに不機嫌だったら、王子様は恋に落ちたでしょうか?

私は「あり得ない」と断言できます。

恋愛の場面ではなおさら、「ここ一番」の大切なときに、上機嫌のスイッチを入れられるかが、勝負の分かれ目。急に取り繕うのは不自然ですし、何よりすぐにバレてしまいます。

一流と呼ばれる男性ほど、いつも上機嫌な女性に魅力を感じるものです。

いつもにこにこ誰に対しても愛想がよく、バリバリ仕事をこなしてお誘いも多く、とても忙しい女性が、自分1人のために時間を取って、自分1人のために微笑んでくれる。彼らにとってはこの事実こそが大切なのです。

素敵な男性は、退屈顔の女性に興味がありません。これも断言します。

ビジネスで知る敗者の美学

私が尊敬するイタリアの大女優、ソフィア・ローレンは、「仕事とは宗教である」とインタビューで答えていらっしゃいました。「真剣に取り組めば取り組むほど、自分を高めることができる」とも。

実は**ビジネスシーンは、「上機嫌の習慣化」を訓練するのに最適な環境です。**

あなたには、お給料という「対価」が支払われているのです。取引先や上司だけでなく、業務で接するすべての人に対して、「感じよく」「上機嫌に」接するのは、社会人として当然のマナー。

常に感情をコントロールすることができれば、人間関係は円滑に進みます。チャンスも引き寄せられるはず。上司に認められてタイトルが上がったら……なんて考えたら、お給料をいただきながら修業のチャンスもいただいているようなもの。これは有効活用しないと！

たとえすぐに成果が得られなくても、努力をコツコツ積み重ねていけば、いつか「目に見えない貯金箱」がいっぱいになって、きっとご褒美があるはず。楽観的に聞こえるかもしれませんが、本当です。ここは信じていただきたい。

ただ同時に、ビジネスにおいては、努力が常に「目に見える成果」や「ギャランティ」につながるとは限りません。ここも重要。

ビジネスは「努力さえすればできる」とか「やれば、できる」ものではないのです。「なせばなる」の精神は立派ですが、辛くて頑張れないときだってありますよね。

よく、「努力は裏切らない」と言われますが、ビジネスシーンでは、いくら努力しても期待を裏切られることなんて、しょっちゅうです。

その原因は、タイミングかもしれないし、目に見えない利害関係かもしれないし、ケースバイケース過ぎて、わかりません。でも、理不尽に見える状況で「うまくいかない」ことは、普通にありえるのです。端的に言って、「それはもう無理」。

ですから、ときに「諦める」決断も必要です。

理不尽を受け入れる、諦めることを覚えるのも、私たちが仕事から得られる学びです。

ソフィア・ローレンが「自分を高めることができる」とおっしゃったのも、成功体験だけでなく、ある意味、挫折の体験も含めた「成長」を指しておられるのではないでしょうか。

そしてぜひ、心に留めていただきたいのは、「辛いときほど、上機嫌で」。

勝負の世界でも敗者の美学について語られます。辛いときほど、その人の人間性が露呈してしまうものだからです。

これは恋愛においての「別れ」のシーンにも言えることかもしれません。どれだけ好きでも、どうにもならない恋もあります。ときに自ら「終わり」の区切りをつける決断が必要。

最高に美しく煌《きら》めくダイヤモンドが、ダイヤモンドでしか磨けないように。人は人と接することでしか磨かれません。

どんなときにも、皆さんには、笑顔で勝者を讃えるプライドを持っていただきたいなと思います。

「外面《そとづら》おばけ」の精神で まずは笑いましょう

実は、〝素〟の私は、人の好き嫌いがはっきりしていてわがままで、めちゃくちゃ気分屋。幼い頃から、家族にはむしろ引かれるくらい根暗な、典型的な外弁慶タイプです。

今でも家ではかなりの高確率で不機嫌です。夫に言わせれば、私の「外面のよさは異常」で、「恐ろしい程の外面おばけ」なのだそうです。

でも、家族の前でも常に上機嫌でいるのは不可能なので、しかたありません。夫には気の毒ですが、我慢していただきましょう（笑）。

素は暗くて不機嫌になりやすいタイプだからこそ、意識して外では明るく、日々、上機嫌でいる努力を惜しまないのです。

もしかしたら上機嫌のマナーは、私がビジネスの場で意識して磨きをかけた、ある種の「技」のようなものかもしれません。ビジネスを、壮大な自分育て、人間形成の場だと捉えれば、他人様に会っているときくらい、笑っていられるはず。

「外面おばけ」で結構です😀

「上機嫌の習慣化」は、エクササイズに似ています。

筋肉を鍛えるように、上機嫌筋を日々、鍛えるのです。この筋トレは決してあなたを裏切りません。

よいパートナーを探すのが「婚活」ならば、よいご縁を引き寄せるため上機嫌筋を鍛えるのは「縁活」です。テレビ出演のおかげもあって、私の「技」の精度は年々、上がる一方。持久力もかなりのものです。

実際、連日にわたりたくさんの仕事関係者や友人と接していますが、上機嫌でい続けることは、私にとってまったくストレスになりません。結果的に、よい出会いを引き寄せ続ける日々を送っています。

日頃、家にいることが多く、たまの冠婚葬祭などでは、気疲れしてぐったりしてしまうという人は、もしかしたら上機嫌の持久力が低いのかもしれませんよ。

最初は、「お愛想笑い」でもいいのです。むしろ私は「お愛想笑い」って、すごく大切だと思っています。外に出て、人と接するなら、まずは笑いましょう。

「ジョイ筋」も鍛えて人生24時間楽しみましょう

私の好きな言葉のひとつに、「ジョイ筋」という言葉があります。

こればかりはググってもほとんど出てきません。古くからの男友達が、「すごくいい言葉を、宮本亞門さんから教えていただいた」と、私にも教えてくれたのです。とても気に入って、使わせていただいています。

「ジョイ筋」とは、「心から楽しむ」ための、気持ちの筋力。

上機嫌のマナーが習慣化すると、いつでも「明るい気分」のゾーンに入れるようになります。「明るい気分」になったら、今度は次の段階として、積極的に「楽しむ」ための「ジョイ筋」を鍛えるのです。

これは毎日24時間人生を楽しむための、準備運動として最適です。

コロナ禍で外に出られないなら、1人で家カラオケを楽しむとか、大きな声で本を読むなど、何か方法はあるはずです。

不機嫌になりがちな人も、歌ったり大きな声を出すことで、硬く凝り固まった身体がほぐれます。少しだけ声のトーンをあげてみるのも効果があるようです。なんとなく明るい気持ちになって、笑顔も増えるのではないでしょうか。

もうひとつ、上機嫌を〝型〟からマスターする、トレーニング方法をお教えしましょう。

マスクが不可欠な今の生活では、マスクで隠れた口角は、どうしても下がってしまいがち。これは不機嫌顔の一歩手前。危険信号です。「イ」、「エ」、と、少し大げさに口角を上げながら、口を動かしてみてください。

どんなことでも、型や構え、姿勢から入るのは大事です。深呼吸や正しい姿勢、上がった口角等々、最初のうちは自分でもわかりやすいサインを意識することで、習慣として身につきます。

上機嫌になるための5つのポイント

❶口角を上げる
❷声のトーンを上げる
❸自分の上機嫌スイッチを作る
（丹田に力を入れる。深呼吸する。正しい姿勢を意識する　etc.）
❹つらい時こそ　上機嫌を意識する
❺お愛想笑いでもいいからスマイル

たとえマスクをつけていても、口角があがっていると、目の表情が明るくなるものです。

上機嫌が身につけば「縁活」は9割成功

私は自分の会社のスタッフにも、ことあるごとに「辛いときこそ、上機嫌」と話しています。簡単そうで、実際やってみると本当に難しいものです。

今回、「7つの習慣」をご紹介していますが、難易度で言えば、実はこの上機嫌マナーが一番の高難度で、最重要項目です。これを完璧にマスターできれば、あなたの人格形成は9割成功したも同然。それくらい大切です。

2008年に、夫が大腸がんで余命宣告を受けたときに再認識しました。

主治医の先生には「桜は3回は見せてあげられないよ」と言われましたが、「私が夫を支えなければ」と思った私は、すべての感情を飲み込んで、上機嫌に徹しました。

「人は、人のためになら頑張れる」。「人のためでなければ、ここまで頑張れない」と、心の底から思えた出来事でした。

7つの習慣

2

「これはしたい」「あれはしたくない」選択するのはわがままじゃない

ウィッシュとノンウィッシュを整理し未来を自分で設計して

芯が強く、自分の心に正直に生きていたシンデレラ。
「舞踏会に行きたい！」「美しいドレスと靴がほしい！」
彼女は明確な「ウィッシュ」を持ち、
しっかりと、伝えるべき人に伝えています。
さらにボロボロの服に戻ってしまった姿では、
「王子には会いたくない！」という強い意志を貫きます。
日ごろから、やりたいこと、やりたくないことの両方を、冷静に考えておくことが大切です。

夢の実現の第一歩。書いて潜在意識に刻み込む

私には不思議な体験があります。

2003年に仕事でいただいたノベルティの手帳。あまりに自分好みの黄色だったので、仕事では使わず、当時39歳だった自分の「WISH（ウィッシュ）リスト」を書き込んだのです。

その後、時は流れて2020年の大掃除。引き出しにしまい込み、すっかり忘れていた手帳を見つけて驚きました。

天井の高い、大きな一軒家に住みたい。
緑あふれる自然に囲まれて暮らしたい。
冬はあたたかな暖炉で癒やされたい。
たくさんのお友達が集まれる、大きな家がいい……etc.

手帳に書き込まれたウィッシュは、２０１１年に軽井沢に建てた家、そのままでした。17年の歳月が流れ、手帳に書き込んだ私の望みは、８割くらい実現していたのです。

少し前、大谷翔平選手が高校時代、夢を叶えるために必要な行動・要素をあげた、「目標達成シート」を作っていたことが話題になりました。

人は「こうなりたい」、「こうしたい」というウィッシュのイメージを持てて初めて、行動に移せる生き物です。自分の願望を文字として書き出す行為が、潜在意識に作用するのは間違いないと、自分の体験からも同意します。

さらに言うなら、「こうなりたい」、「こうしたい」のイメージや夢は、具体的であれば具体的なほどよいのです。

以前、ハーバード大学に通っていた友人は、こう話してくれました。

在学中、「目標を具体的に書き出していますか?」という質問に、明確な目標を書き出していた学生は、わずか3%程しかいなかったそうです。

卒業後、学生たちに再びアンケートを取ると、目標を書いていた学生は、書いていなかった97%の学生と比較して、10倍もの収入を得ていたそうです。

とても興味深い結果です。

「ウィッシュ」と「ノンウィッシュ」はあなたの未来の設計図です

私が敬愛する方の1人に、小林照子先生がいらっしゃいます。「ショップチャンネル」にも出演なさっていますので、皆さんご存じかと思いますが、1935年生まれの現役・美容研究家でメイクアップアーティスト。笑顔が素敵で健脚で、まさに人生のお手本のような方です。

私が考える「強縁体質」とは、人や情報を引き寄せる思考回路や生き方を習慣化している方のことですが、小林先生はまさにそんな強縁体質の持ち主。

私が提案する「7つの習慣」なんて、多分すでに「当たり前」で、小林先生ご自身は百個くらいの習慣を完璧に実践なさっているのではと思うのですが、先生が82歳で書かれた『これはしない、あれはする』という本は、目からウロコの衝撃本でした。「自分はこれはしない、したくない、ということを、ちゃんと知っておくことが大切」だと書いてあるのです。

私はこれまで、「やりたいこと」を書き出して、その実現に向かって計画を立て、知恵を絞り、行動してきましたが、「やりたくないこと」を具体的に考えることには、思いが至りませんでした。

「やりたいこと」と「やりたくないこと」の両方を、きちんと精査することで、未来の設計図がより具体的に見えてきます。

「やりたくないこと」を知っておくと、重大な局面に遭遇したとき、判断するものさし、基準が明確に持てるのではないかと思います。

〝口〟から動いて自分を追い込め！

この本を書くにあたり、母ともいろいろ話しました。すると、

「あなたの話を聞いていると、人って一生懸命にものを考えると、知恵が生まれてくるものなのね。中途半端だと愚痴が出るし、いい加減だと言い訳にしかならないしね」って。すごくいい言葉だと思いました。

どうせ悩むのならば、知恵が生まれるまでしっかりと悩み抜くことが大切。

しかも大切な大切な、自分の未来の設計図です。じっくり悩んで、やりたいこと、やりたくないことをきちんと整理してみましょう。

そして文章にしたら、次は「口から動く」のもポイントです。

「口から動く」というのはつまり、自分の「ウィッシュ＝目標」を、周囲に宣言して回ること。1度公言してしまったら、簡単には撤回できないし、周りも「まぁ本人がそう言ってるから」と容認して、助けてくれる場面がくるかもしれません。

ここで肝心なのは、周囲に伝えたからと勝手に満足しないで、「私の気持ち、ちゃんと伝わってる？」と、ことあるごとにリマインドすること。

今まで私の夢や目標がほとんどかたちになってきたのは、私の考えに共感してくれた、強力な協力者がいてくれたおかげ。私1人の力では、不可能でした。

多くの方に夢の内容を話すことで、夢は具体性を帯びてくるものです。説得力も増してくるでしょうし、話術も長けてくるかもしれません。

私には今、もっとも大きな夢があります。57歳にして今も「もっと前に進みたい」と願う原動力を持ち続けていること自体、すごく幸せですし、感謝の気持ちでいっぱいです。

✻あなたの「ウィッシュ」と「ノンウィッシュ」を整理するため、まずは思いついたことから整理して、書き出してみましょう。可視化することで、自分自身が本当に望むことが、立体的に見えてくるはずです。夢の実現のために、自分が何をすればいいのか、何が必要なのか。できるだけ具体的に書き出してみましょう。知恵を絞り、勇気をもって前に進みたいものです。

NON-WISH

- [ ]
- [ ]
- [ ]
- [ ]
- [ ]
- [ ]
- [ ]
- [ ]
- [ ]
- [ ]
- [ ]
- [ ]
- [ ]
- [ ]
- [ ]

WISH & NON-WISH

WISH

- [ ] ……
- [ ] ……
- [ ] ……
- [ ] ……
- [ ] ……
- [ ] ……
- [ ] ……
- [ ] ……
- [ ] ……
- [ ] ……
- [ ] ……
- [ ] ……
- [ ] ……
- [ ] ……
- [ ] ……

7つの習慣

3

小さなことからコツコツと。目標達成！の喜びを積みあげよう

「達成感癖」が自己肯定感を育てる

シンデレラは、いじめを受けても卑屈にならず、毎日コツコツと、目の前のやるべきことを、しっかり実行していました。

灰にまみれて掃除をしていたから、「灰かぶり」。

こう呼ばれても、決してくじけることはありませんでした。

小さなことでも、やり遂げたときに得られる確かな達成感を幸せに変え、自分自身を認めて励ましながら、強く生きていたのです。

些細なことでも「自分との約束」は厳守すること

２０２０年、コロナ禍のリモートワークで自分の時間が少し増えたのをきっかけに、今自分が抱いている夢の実現の願掛けにと、Ｆａｃｅｂｏｏｋとインスタを始めました。「１年間は毎日やろう」と決めたのは、自分自身との小さな約束でしたが、２０２１年４月23日、めでたく達成することができました。

自分と約束したことは、小さなこと、些細なことでも、それを守る努力をする。自分を裏切らない努力を重ねるのは、自分を大切にすることに通じると思います。

そして、たとえ些細な約束であろうと、それを達成したという成功経験をコツコツ積み重ねるうちに、自分で自分が信じられるようになります。この繰り返しは、とても大事なサイクルです。

自分が「信頼するに足る存在だ」と思えれば、自尊感情や自己肯定感が、自然に育っていくものだからです。

「達成感癖」をつけて自己肯定感を高めよう

私が入社して以来30数年。多分ざっと300人くらいの若い女性スタッフたちと、一緒に仕事をした計算になりますが、ここ数年、若い世代と接していて少し気になるのは、「自己肯定感が低め」な人が多いことです。

ある時、下を向いて「私なんて……」と口にした女性に、「あなたには、いいところがたくさんあるじゃない！」と言ったのですが、彼女はどうにも納得しません。過小評価もいいところです。

私自身はいわゆるバブルを経験しており、「根拠のない自信に満ちあふれた世代」と言われています。若い方から見れば、押しの強さが少々ウザいことは認めますが（笑）、同世代がお互い認めあってリスペクトしあい、切磋琢磨したことは、仕事を続ける上で貴重な体験でした。

今の若い世代はお互いコミットしあうことを好まない分、人からの評価も実感しにくく、自己肯定感が育ちにくいのかなと感じています。

でも、「自己肯定感」って、人生を力強く生きていくための燃料であり、一歩踏み出すための勇気の素でもあります。もう少し、自分を評価し、褒めてあげてもいいのではないかしら、と思います。

例えば、冷蔵庫に大袋で買ってしまった茄子が残っているとしましょう。スーパーに行く前に、茄子を使った料理を数日分検索して、傷んでしまう前に使い切れたら、目標達成！　腹筋を1日10回とか、雨が降っていない日はひと駅歩く、とか、本当に小さな目標でいいんです。絶対に守ると決めて、それが1ヵ月、2ヵ月と続いていくうちに、「なんだ私って、結構やればできるんだ」って、思えるようになるはず。

少しでも頑張ったら、真っ先に自分で自分を褒めてあげましょう！

ゲーム感覚で小さな達成感を積み重ねるうちに、いつか壮大な夢に向かって駆け上がっていくためのエネルギーが貯まっていきます。

少なくとも、「私なんか……」というネガティブな意識からは、遠ざかっていただきたいなと思います。絶対にできるはずです。

プライドは傷つきません

自信と不信って、常に背中合わせ。誰でも最初から自信たっぷりに生まれてくるわけではありません。多少の失敗や「若気の至り」は、最高の財産です。

シンデレラも、最高の幸せを掴むためには、いじめられる経験が必要だったのではないでしょうか。悩んで苦しんで器を大きくしていく。自分への不信や不安は真剣に生きているからこそ。起こることにはすべて意味があって、乗り越えられない苦難は、そうそうふりかかってはきません。

だから失敗したからといって、プライドが傷ついたなどと思う必要もありません。それは自分自身に対する過小評価というもの。

そもそもあなたのプライドは、そんな程度では傷つきません。あなたの可能性は、自分が気づいているより、ずっと大きい。

「自分のプライドは、こんな程度で傷つくはずがない」と自分に言い聞かせ、もっともっと

10 Goals

これからできる小さな目標を10考えてみましょう

できれば1回で終わるのではなく、続けられるもので。
小さなこと、些細な事でも、今と違うことを目標にしてみましょう。

1 ＿＿＿＿＿＿＿＿＿＿

2 ＿＿＿＿＿＿＿＿＿＿

3 ＿＿＿＿＿＿＿＿＿＿

4 ＿＿＿＿＿＿＿＿＿＿

5 ＿＿＿＿＿＿＿＿＿＿

6 ＿＿＿＿＿＿＿＿＿＿

7 ＿＿＿＿＿＿＿＿＿＿

8 ＿＿＿＿＿＿＿＿＿＿

9 ＿＿＿＿＿＿＿＿＿＿

10 ＿＿＿＿＿＿＿＿＿＿

大切なことにプライドをかけられる、器の大きな人間を目指してほしい。

「失敗上等」の気持ちでどんどん新しいことに挑戦し、小さな挫折と成功体験を積み重ねながら、ご自身の自信や自尊心を、上手に育ててあげてくださいね。

7つの習慣

4

どうしたら願いが叶う？ 幸せへの道順を思い描いて

段取り力は想像力に比例する

シンデレラは、義理の姉や継母が行く舞踏会に自分も出席できるよう、想像力を最大限に働かせ、段取りよく事前準備を進めます。

例えば、「ばら撒いた豆を、時間内に全部拾うことが出来たら、舞踏会へ連れて行ってあげる」という継母の無茶振りには、日頃から仲良くしていた友達の小鳥を味方につけて、素早く行動。見事、目標を達成します。

「時間はお金より価値がある」と、知っていたのです。

「段取り力」は「想像力」。あらゆる事態を想定して

私がもう20年以上も前から、ダンドリーナと呼ばれていたことはお話ししました。「段取り」に対する強いこだわりは、誰にも負けないと自負しています。

段取りとは、長期的、中期的、短期的な視点、それぞれに優先順位をつけ、日常をうまくマネジメントすることです。

段取りするためには、「あらゆる事態」を想定し、先回りして予定を組まねばなりません。「あらゆる事態」とは、交通渋滞や天気など、不可抗力な要素はもちろんですが、相手の好み、反応を含めた、その場で起きるであろうすべての要素です。

時には相手が見せた想定外の反応に驚くこともあるかもしれません。でも、「どうしてわかってくれないの？」と思う前に、想定通りだった場合と、想定外だった場合、両方を仮定して段取りしておくことが大切です。

最悪なケースも想像しておけば、気持ちが楽になります。悲しみや怒りの沸点も高くなるものです。

ここまででおわかりになったと思いますが、段取りするには想像力が不可欠。ですから、段取りの経験値が上がれば、結果的に想像力も格段に鍛えられます。

そして「想像力」の助けになるのが、何より、相手を気遣う「思いやりの心」です。

実感として、仕事の成功を決めるのは、実は段取り85％、実践15％くらいの比率です。つまり、「本番」がはじまる頃には、勝負はあらかたついていると言えるのです。

スーパーでの動線をシミュレーション
日々これトレーニング

「段取り力は一夜にしてならず」、ですが、日常、いつでも手軽にトレーニングすることが可能です。

例えば、食材の買い物。その日のメニューを何も考えずに行ったら、買い物に時間がかかるのは当然です。

でも、いつも行っているスーパーなら、頭の中で「今日のメインは〇〇だから、最初に野菜コーナーを回って、あの棚で香辛料を買い足して、最後にお肉を買ってから、会計」と、事前に脳内で動線をシミュレーションできるはず。

そもそも、私はメモを取らずに買い物に行くことはありません。買い物の前には必ず冷蔵庫をチェックして、必要なものをメモしておきます。メモ魔なんです。

スマホの「メモ」アプリも活用していて、自分でタイトルをつけて書き入れています。カラオケ用「歌える曲」までメモっています。マイクが不意に回ってきても、迷わずにすみますから。

人によっては「リマインダー」も使いやすいといいますから、自分にあったツールを見つけて活用するのが一番ですね。

もし紙にメモしたら、「メモを書いた紙を財布に入れる」までが段取りです。

家事、つまり家での仕事って、「段取り力」を鍛えるには最高の舞台です。料理や掃除、洗濯と、ジャンルに分かれているから、それらを総合的にまとめるプロデューサー的能力も必要。

段取り力をつけて、家の中のことは、上手に手抜きする技を身につけましょう。そして少しくらい行き届かなくても平気と思えるくらい、鷹揚《おうよう》に構えて。

「気が利く人」が女性に多いのは、日頃の家事で、頭と想像力を鍛えているからかもしれません。

ルーティーンを決めると迷わないから、心もぶれません

私が不機嫌になるのは、たいてい精神的、時間的な余裕がない時と決まっています。だから余計に、事前準備、段取りは大切です。「ショップチャンネル」など、生放送の仕事の前は、ルーティーンをきっちり決めていることも多いですね。

法則は以下の通り。

番組本番の1時間前に打ち合わせがあるので、その1時間前に家を出る。さらにその2時間半前から支度を始める。

私の場合は、本番の4時間半前に、まずお風呂に入ることから準備行動を開始。

この準備時間は、長すぎても間延びしてしまい、しっくりいきません。私はゴルフも含め、身体を動かすことが多いせいなのか、リズム感が重要なのです。

イチローさんが現役時代、毎日決まったルーティーンをこなされていたことは有名ですが、

私も一定のリズムでのルーティーンを崩すことはありません。

それは、予定が早朝だろうと真夜中だろうと、たとえ海外でも同じです。常に「本番の4時間半前」に行動開始。

そのおかげか、世界中どこへ行っても時差ボケしたことがありません。

多分、時差よりも、自分のピーキング・マインドを優先する気持ちのほうが、勝っているのでしょうね。

「1分」でできることは想像以上に大きい

時間の感じ方は、人それぞれ。状況や年齢によっても変わってきます。

私が今までの人生で一番、「長い」と感じたのは、病室で過ごす時間でした。一方で、何かに熱中しているときの、時間が過ぎる感覚の早いことといったら!

「ショップチャンネル」に出演するようになってから、18年が経ちました。

1時間の生放送を、年間に約40時間。平均すると、10日に一度のペースでの予算との戦い。これを18年も続けていると、時間への感性が超絶鋭くなってきます。

テレビ通販の世界は、1分当たりの売り上げで、商品の価値やゲスト（メーカー側の出演者）の能力など、すべてが判断される厳しい世界です。「予算」と呼ばれる実質の売り上げノルマが、数回連続で達成できなかったら、次のオンエア枠は確保してもらえません。

18年前、私が初めて出演したときは、1分当たり5万円の売り上げで、大入り袋が出たものです。それが現在は視聴世帯が増えたこともあり、1分100万円以上の予算が組まれた番組枠も担当するようになりました。

なかなかピンとこないとは思いますが、テレビ通販で1分当たり100万円分の商品を売るのは、なかなか大変です。1時間で6000万円分もの商品を売らなければなりません！

もちろん1分たりとて無駄にはできませんから、家を出てスタジオに向かうときから、すでに臨戦態勢です。たとえていうなら、回り続ける巨大な大縄跳びの縄に飛び込んでいくために、ウォーミングアップを始めるような感覚。

そして番組がはじまると、最初は勢いでダーッと上がっていた売り上げも、途中で必ず1度は停滞します。

「どこで巻き返そう……!?」。モニターに映る残り時間と売り上げを常にチェックしながら、段取りを超高速で考えつつ、話はよどみなく、あくまで笑顔。

家事の片手間に「チラ見」しているお客様を、いかにテレビに引きつけるか。シナリオライターなんていませんし、台本もありません。すべてが即興です。

「あと10分で1500万円売らないと!」などと、内心では冷や汗をかきながらの生放送は、なかなか過酷。なにしろ、予算達成率が7勝3敗くらいでないと、「ショップチャンネル」では生き残っていけないのです。

結果的に、ここ18年間、番組枠を確保し続けているメーカーはとても少なく、開局25年で20年以上出演するメーカーとなるとごくわずか。まさに弱肉強食の恐ろしく厳しい世界です。

明治神宮野球場を埋め尽くす人たちに鳥肌が……!

2003年に、映画『チャーリーズ・エンジェル フルスロットル』のPRを担当させていただきました。当時、日本初のレッドカーペットとして話題になりましたが、そのときキャメロン・ディアスに、「私の時給、6000万円なの」と言われ、ものすごく驚いたことをはっきりと覚えています。

売り上げとギャランティでは、まったく意味が違うものですが、それでも18年経った今、自分がテレビ通販でキャメロン・ディアスの時給以上の金額を売り上げるようになったのかと思うと、とても感慨深いものがあります。


こんなこともありました。

2007年に行われた古田敦也さんの引退試合。明治神宮野球場は3万3千人のファンで、満員御礼。

当時は「メディカルステイフィット」の売り上げが、まさに飛ぶ鳥を落とす勢いで、私は番組出演の4時間で、3万4千人の方々にストッキングを売っていました。

「あ〜、この野球場を埋め尽くす、こんな規模感の人たちが、うちのストッキングを買ってくださっていたんだ！」と思ったら、さ〜〜〜っと鳥肌が！

今でも、競技場や劇場など、大きな会場に行くと、「この人たちに買ってもらわないと！」と、光景を目に焼き付けて、自分を奮い立たせています。

多分、こんな感覚は、なかなかわかっていただけません……よね。でも、「1分で○円売らないと、会社に○円分の在庫が残ってしまう。そしたら社員のボーナスが……！！！！」と考えたら、時間やお金の感覚がシビアになるのは当然のこと。

1分でできることの価値は、多分、誰よりもわかっています。

こうして、「1分で120万円売れると思えば、5分なら600万円分の仕事ができる」という、かなり特殊な感覚が、身につきました。

人生のピークは常に「今」。「時間の借金」はしない

「1分」が持つ価値がしっかりと心と体に刻まれ、「脳内電卓」も備えた私が、「いかに時間を上手く使うか」を真剣に考え、出した結論は、

- どんな仕事の案件であっても、決して「後ろ倒し」「先延ばし」しない。
- 今、目の前にある案件に全力投球する。

このふたつは「絶対に守る」と決めています。ですから、もし目の前に複数のやるべき仕事があったら、まずは優先順位を考えます。これが段取り。「脳トレ」です。

愛読者カード

今後の出版企画の参考にいたしたく、ご記入のうえご投函くださいますようお願いいたします。

本のタイトルをお書きください。

a 本書をどこでお知りになりましたか。

1．新聞広告（朝、読、毎、日経、産経、他）　2．書店で実物を見て
3．雑誌（雑誌名　）　4．人にすすめられて
5．書評（媒体名　）　6．Web
7．その他（　）

b 本書をご購入いただいた動機をお聞かせください。

c 本書についてのご意見・ご感想をお聞かせください。

d 今後の書籍の出版で、どのような企画をお望みでしょうか。
興味のあるテーマや著者についてお聞かせください。

ご協力ありがとうございました。

郵便はがき

料金受取人払郵便

小石川局承認

1043

差出有効期間
2022年6月27日まで

切手をはらずに
お出しください

112-8731

東京都文京区音羽二丁目
十二番二十一号

講談社エディトリアル 行

ご住所	□□□-□□□□
(フリガナ) お名前		男・女	歳
ご職業	1. 会社員 2. 会社役員 3. 公務員 4. 商工自営 5. 飲食業 6. 農林漁業 7. 教職員 8. 学生 9. 自由業 10. 主婦 11. その他（ ）
お買い上げの書店名	市 区 町 書店
今後、講談社より各種ご案内などをお送りしてもよろしいでしょうか。 送付をご承諾いただける方は○をおつけください。	承諾する

TY 000015-2004

ここで重要なのは、優先順位の高い案件を片付けて、「あとは明日やれば間に合う」と思える仕事でも、時間があるならやってしまうことです。

やれる仕事を「後ろ倒し」「先延ばし」にすることを、私は「時間の借金」と呼んでいます。借金をすると、そのときは一瞬、ラクですが、借金には「返済」がつきもの。今できることを後回しにして、明日体調が悪くなったらどうしますか？ 他にも想定外のアクシデント（利息）が起きるかもしれません。

人生のピークは、「常に今」。1日は、誰にも等しく24時間しかありません。だから「今できることは、今やる。時間の借金はしない」。

毎日、サクサクと気持ちよく仕事を進めると、そのうちスケジュールにゆとりが生まれます。これが時間の貯金です。貯金ができたら、それを自分のため、好きなように使えばいいのです。

時々、「どうして私ってこんなに貧乏性なんだろう」「どうして今、今、今なんだろう」と思うこともあるのですが、実際、今までに私に起こった「人生の奇跡」は、ちょっとした空白の時間、「余白」のようなときに巡ってくることが多かったのです。

そのため日頃から、段取りよく時間を使い、余裕のある時間と気持ちを保っておくよう心掛けています。

それに、誰にとっても「〝今〟が、常に一番若い」のは事実です。健康を害してしまうような無理なプランニングは本末転倒ですが、人生で「思い切り頑張る時期」はあっていいものです。

自分なりのピーキング法を見つけること

「目の前にある仕事に全力投球」とは書きましたが、常に120％の力を出していては身体が持ちません。

大切なのは、ピーキングです。

ピーキングとは、アスリートによく使われる言葉ですが、大切な「大勝負」に、コンディションをピンポイントで最高潮にもっていけるよう、調整することです。

私のピーキング法は、本番前のいつも決まったルーティーンに、「気持ち」を意識的にリンクさせていくこと。そうやって段階的に心を整えていきます。

テレビ通販の生放送前。3日前くらいには番組で着用する下着、洋服、アクセサリー、靴のコーディネートをすべて済ませます。番組中、20回ほどコーディネートを見せることもあるので、着替えの練習も繰り返し事前に家で行います。進行次第で臨機応変に対応できるよう、最低でも3通りは用意します。アクセサリーも含め、すべて私物です。

私はここ数年、セルフネイルなので、2日前にはネイルも済ませます。前日だと何かアクシデントがあったときに困りますし、あまり早いと剝がれてしまうこともありますから。

このふたつの作業が前後することもありますが、頭の中で生放送の場面を想像しながら、本番に向け、気持ちを高めていく大切なプロセスです。

重要なのは、少なくとも1日は、準備するものが何もない「余裕日」にあてることです。**不測の事態に「備える」ことで、気持ちに大きなゆとりが生まれます。**

私にとっては、このように「準備万全過ぎるくらい、石橋を叩いて割る寸前まで万全に準備しておく」のが、最適なピーキング法なのです。

もちろん、最適なピーキング法は人それぞれ違いますから、自分に合ったやり方を見つけるのがベスト。

私自身、今のペースがわかるまで、たっぷり10年はかかりました。だから、やり方が今わからなくても、焦る必要はありません。

あなたがもし20代、30代なら、自分のピーキング法を探る時期。料理でも仕事でも。職業とか立ち位置とか、加味すべき条件は1人1人違うので、すべて、ケースバイケースです。

悩んで当たり前。間違えるのも当たり前。失敗も必要です。

私自身、今、振り返っているから「10年かかったな」とわかりますが、10年前は「その時なりのベスト」のつもりでした。「やれてる」つもりだったのです。

今考えれば、いたらないこともたくさんありましたが、「今の自分なりのベスト」を探す過程、試行錯誤は、すべて学びの時間だったと思っています。

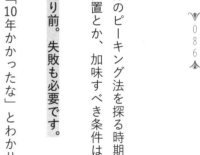

Morning Routine

朝のルーティーンを確認してみましょう。

起きてから、家を出るまでの準備を、かかる時間も含め書き出してみましょう
もし、変えなければいけない、と思ったら、変更後のルーティーンを書いてみましょう。

What You Put OFF

毎日の生活で、後ろ倒しにしていると思うことを書き出してみましょう。

実際に文字にしてみることで前倒しのきっかけにすることができます。

7つの習慣

5

美しい森の中、大自然と親しみながらシンデレラは素直な心を育てました

自然に触れて悩みのサイズを知る

シンデレラの物語には、美しい森の描写がたくさん出てきます。
自然に育まれた環境で自分を見つめ、素直な心を磨いていたシンデレラ。
彼女は多分、自然の持つ力を充分に知っていたに違いありません。
だから「ハシバミの小枝」の力を、迷いなく信じることができたのでしょう。
日々、自然の草木に触れ、自然に生息している動物たちと心を優しく通わせ、
自分の悩みを語ったり、癒やされたりしながら、
自分が置かれた状況を「俯瞰して観る力」を育てていたのです。

自然の中で
心の瞳が覚醒する

もともと私に「自然を愛すること」を教えてくれたのは、父でした。父はスキーの大回転の元選手で、水泳、海水浴、川遊び、自転車、一輪車、クロスカントリーからはじめたノルディックスキー、アルペンスキー、ゴルフ、クルーザー、ローラースケート、海釣り、川釣り、ｅｔｃ．パラグライダーの学校も経営し、焚き火も大好き。あらゆる外遊びの達人でした。

父の導きで、幼い頃から日々自然とふれあう経験を積み重ねてきたことは、私の人格形成に大きな影響を与えていると思います。なんというか、都会に疲れてしまったハイジのように、常に「山に帰りたい……」という気持ちが、心のどこかにあるのです。

そうそう。「森林浴」って、日本発祥の言葉なんですよ、ご存じでしたか？　１９８２年に林野庁が発表した「森林浴構想」がはじまり。森林におけるレクリエーションを楽しみながら、健康なからだづくりをしようと呼びかけました。

確かに、自然には人を癒やすパワーがありますよね。私たち人間は、時おり勘違いしてしまいがちですが、自然は人間のために存在するわけではありません。自然災害など、人間にとっては残酷な結果をもたらすこともありますが、人は自然に身を置くことで、確実に気持ちが豊かになる。美しい空を見るだけで、気分ががらりと変わるし、自分の身体意識のようなものが覚醒されるような気がします。

私自身、自然に対しては畏敬の念しかありません。

軽井沢の家でも自然のパワーを実感する出来事が。

毎日、私は風が抜けるテラスと家の中、二箇所にまったく同じように花を活けています。そうすると、何故か風が抜けるテラスのお花のほうが、ずっとずっと生き生き長持ちするのです。

私自身も、卵巣がんの術後に鬱状態にあったとき、自然に触れることで心が整い、修復されていく自分を感じていました。

自然は、常に中立・中庸です。そこに幸せも、不幸もありません。本来であれば人間も、自然と同じ中庸が、一番よいのです。

自分自身でバランスを取るのは大変ですが、自然の中に身を置いて、心地よいと感じることで、心身のバランスが取れていくような気がします。

自然には、まったく同じものがただのひとつもないという、至極当たり前の事実に気づかせてくれたのも、軽井沢の林の中でした。

そして至極当たり前に、夜が来て、朝が来る。この先、どんなことが起きようとも、どんな困難も、受け入れられるような気がしてくるから不思議です。

多分、あの大きな手術の後に、屋根のない病院といわれる軽井沢の家がなかったら、私の想像力やクリエイトする力、生産性なども、全然違ったものになっていたのではないかと思います。今となっては、幸運にもデュアルライフの実践が、私を心身共に健康にしてくれたのです。

あなただけの特別な場所を感じとって

もちろん、どこか特別な場所に行かなくともいいのです。

例えば「家の近所の公園の、このベンチが心地よい」とか、「河原の堤防に座ると気持ちいい」とか、日常の中に、「自分にとって快適な場所」を見つけられたらよいのでは。

人によっては、部屋の窓を開け放ち、深呼吸するだけでもいいのかもしれません。青空なら、どこにいても眺められます。

時々、文明が発達しすぎると、人間はロボットやコンピュータのようになってしまうなどと言う人がいますが、私にはまったく馬鹿馬鹿しい絵空事のように聞こえます。そんなことがあるわけがない。

人には、「考える力」、「憶える力」、「感じる力」など、さまざまな力がありますが、私自身、**一番大切なのは、「気持ちがいいな」など、「感じる力」なのではないかと思っています。**

気持ちがいいところを歩いているだけで元気になり、頭がさえ、名案が浮かびます。「あったらいいな」と思って商品化した中には、散歩中に思いついたものが多々あります。なので、目的を持たずぶらぶら歩くだけのランブリングはおすすめです。

心地よい場所で 自分の「悩みのサイズ」を知る

自然がもたらす効用は、他にもあります。

自然の中に身を置くことで、「自分の悩みのサイズを知る」ことができるのです。

例えば、人間関係の悩みや、自分の容姿に関するコンプレックスなど……人それぞれ、抱えている悩みは違いますが、きれいな星空を眺めたり、屋根を打つ土砂降りの雨音を聞いているうちに、この世界の森羅万象と比べたら、自分の悩みなんて「実はちっぽけなものなのかも？」と思えるようになるから不思議。

もちろん人によっては、高層階からの夜景を見て、「こんなにたくさんの人が住んでいて、それぞれ違った悩みを抱えて生きている。私の悩みなんてちっぽけなものだわ」って思う人もいるかもしれません。

いずれにせよ、自分が置かれた環境、状況を、ときに「俯瞰して観る力」を育てることが大切だと思うのです。

3 Comfortable Places

あなたにとって気持ちのいい場所を具体的に3つ書き出してみましょう。

具体的な場所が思いつかなければ、こんな感じの場所 でも。具体的な文字にすることが大切です。

1 ＿＿＿＿＿＿＿＿＿＿

2 ＿＿＿＿＿＿＿＿＿＿

3 ＿＿＿＿＿＿＿＿＿＿

3 Comfortable Things

あなたにとって、気持ちのいいと感じるもの、ことを3つ書き出してみましょう。

1 ＿＿＿＿＿＿＿＿＿＿

2 ＿＿＿＿＿＿＿＿＿＿

3 ＿＿＿＿＿＿＿＿＿＿

7つの習慣

6

涙で辛い思いを洗い流して。泣いて泣いて、明日に向かって

思い切り泣いて気分転換。「気持ちの切り替えメニュー」を持って

シンデレラは、とても泣き虫でした。

お父さんがお土産に持って帰ってきたハシバミの小枝を亡き母のお墓に植え、話しかけながら、よく泣いていました。

屋根裏部屋でも、1人で泣いていました。

でも、泣いてばかりいたわけではありません。

猫や犬を相手に話をして気分転換したり、本を読んだり。自分が作ったお料理を食べたり、お裁縫をしたり。

「気持ちの切り替えメニュー」を、
自分なりに工夫して、たくさん持っていたのです。

涙を流して
ストレス発散！

あなたは最近、涙を流していますか？

リモートワークが増え、久しぶりに見た韓流ドラマで、「そうそう。お隣の国の方は、男性も女性もよく泣くのだわ」と思い出しました。

涙の効用を検索してみると、涙には涙腺のお掃除をする役割があるそうです。泣くことで涙腺の汚れが洗い流されるのだとか。目の汚れや雑菌を除去し、目を紫外線から守ることで、きれいな瞳を維持する効果も期待できるそうです。

グリム版シンデレラは、とても泣き虫でした。多分、美しく澄んだ目に、笑顔が映えていたのでしょうね。

「涙活」なんて言葉もありましたが、**泣きたいときは、思い切り泣けばいいのです。**そもそも、ごく普通の日常で、不意に悲しい気持ちになったり、無性に悲しい気分になったりするのは、大きなストレスがかかっているとき。

心の底から思い切り泣くことが、ストレス発散につながることは、学術的にも証明されています。涙を流すことで、自律神経のバランスが副交感神経優位になり、ストレス状態にある脳を一時的にリセットしてくれるのです。

しかも、激しく感情が爆発する行為のように思える「号泣」も、ストレス緩和に効果があるそうですから、人間の身体というのは、つくづく不思議なものだなぁと思わされます。

たまには「もう無理！」と感情を吐き出しましょう

大人になると涙を流す機会が減り、ストレスは溜まる一方です。

しかも、頑張り屋の女性ほど、「これくらいのことで泣いてちゃいけない」と、自分の感情を抑え込んでしまうもの。

忍耐強いこと、我慢強いことは素晴らしい素養ですが、あまり我慢しすぎず、自分がどうやったらうまく感情を吐き出せるのか、そのコツを知っておくといいですね。

「泣き言を言うのがキライ」「愚痴はこぼしたくない」とおっしゃるのなら、あえて思い切り泣ける映画やドラマなどをチョイスして、1人鑑賞会をするのはいかがでしょう。

翌日には予定を入れず、鼻水が垂れようが目が腫れようが気にせずに、ただ「泣くために泣く」のです。

号泣後には想像以上に気分がすっきり爽快に。案外、体力も使うので、よく眠れます。

実は本当に深刻な事態に陥っているときには、人は悲しくても、悔しくても、泣きたくても、涙は出ないものです。

卵巣摘出のオペ後、鬱状態に陥っていた私は、まさにそんな状況でした。思い出したくもない暗黒の日々でしたが、当時を思い出しても、泣いた記憶はあまりありません。

泣きたくても、なぜか涙が出てこない。女性ホルモンの欠乏とともに、身体の水分が枯れてしまったのかと考えて、余計に落ち込んだことを覚えています。

回復した今では、「**思い切り泣けるって、すごく有り難いこと**」と、心から思います。実際、私の感覚としては、笑顔をつくって得られるストレス発散効果よりも、泣く行為のほうが、大きな効果が得られるように感じています。

泣いたり怒ったりすることは、悪いことではありません。

「泣くことができる今」に感謝。

涙はあなたの心の健康のバロメーターかもしれません。

気分転換するための「スイッチ」はたくさんあったほうがいい

人生において、大きなイベントの前夜は、誰でも胸がドキドキして、気持ちが落ち着かないものです。

私もオペの前日は、「もしも全身麻酔から目が覚めなかったら……」などなど、吐きそうになるくらいの大きな不安を抱えていました。

手続きを終えて病室に入ると、目の前は悲しいくらい殺風景な白い壁。

「このままでは、ここの空気にのまれてしまう……」と思った私は、お気に入りの花柄のシーツやタオル、さらに絵まで掛け替えて環境を自分好みに整えました。

そして大好きな宝塚の、『ベルサイユのばら』のＤＶＤを病室に持ち込み、もう何十回見たかわからない美しい舞台を見はじめたのです。口からは自然に、主人公たちのセリフが出てきます。優雅で豊かな宝塚の世界に没頭することで気が紛れ、心が落ち着き、無事、不安から逃れることができました。

こうした、自分の気持ちを切り替えられる「スイッチ」を、いくつか持っておくことは大切ですし、絶対に必要です。

特に女性は、ホルモンバランスの影響を受けやすく、感情の波をコントロールするのが難しいときもあります。

万が一、ネガティブな思考回路に陥ってしまっても、大丈夫。いったんはダークサイドに堕ちた自分を受け入れ、ゆっくりと「スイッチ」を入れましょう。

私の場合は、気持ちの切り替えをしなくてはいけないときの条件に応じて、運動、美味しいご飯、お酒、香り、趣味時間、あるいは母との何気ない会話や友人との時間、映画やドラマを観る、音楽を聴く……etc.と、数え切れない程のメニューを用意しています。

家族の励ましやお見舞いも嬉しいものですが、一番自分のことをわかっているのは自分です。「ああしてくれたらよかったのに……」と、不満や後悔の気持ちを持つ前に、自分で段取りしておけば、ハズレがありません。

プラシーボ効果も利用してスマートに

「プラシーボ効果」という言葉をご存じですよね。以前、まさにこの効果を実感する出来事がありました。

私の母方の祖母が百歳近くになったときのこと。認知症もはじまっていたせいか、「なかなか眠れないから、睡眠薬がほしい」と頼まれたのです。

でも、百歳のおばあちゃんに睡眠薬を処方してもらうのは心配でした。そこで母と相談し、処方薬袋にフリスクを入れて、祖母に渡すことにしました。

結果、祖母の不眠は見事に解消され、亡くなるまで祖母は「病院のお薬のおかげで毎日ぐっすり眠れてる」と喜んでいました。

すごく幸せなエピソードだと思いませんか？　思い込む力とか、信じる力って、人間にとってすごく大きなパワーを持っていると思います。

実は私にも「おばあちゃんのフリスク」的な存在があります。それはヒノキの枕。最初に使ったとき、「うわ〜〜〜〜！！！」って声が出てしまった程、香りに癒やされたのですが、後になってから、ヒノキが森林浴をしたときと同じようにフィトンチッドを放出していて、リラクセーション効果をもたらしてくれると知ってからは……もう手放せません。

香りが好きなのは確かですが、それ以上に「森林浴」「安眠へと誘うリラクセーション効果」といった言葉が、私に抜群のプラシーボ効果を発揮してくれるようなのです。

思い込みだろうと何だろうと、実際によく眠れるのですからそれで充分、というか、最高です。自分を快適にしてくれるものや言葉を素直に信じることも、スマートに生きるための処世術ではないでしょうか。

そうそう。祖母の話のついでに、大事なことをもうひとつ。

「忘れる」ことの大切さについても、言っておきたいと思います。

人間には「忘れる」という、とても便利な機能が備わっています（笑）。

最終的には、自分を守れるのは自分しかいませんから、「忘れる」ことで気持ちが切り替えられるなら、それも選択肢のひとつです。

年齢を重ねると、物忘れが多くなるといいますが、もしかしたらそれは必然で、人間には

「忘れる必要」があるのかもしれません。

忘れてしまえば、その人にとっては無いに等しいことになるわけです。「忘れられた」おかげで、不安や過去に体験した辛いこと、恐怖から逃れられるなら、積極的に活用したい機能です。

切り替えて、ふっきって、忘れることも大切。ネガティブな感情を長く引っ張りたくはないですよね。

Things to Refresh

気分転換のスイッチになるメニューを書き出してみましょう。

食べるもの、飲み物、運動、五感に訴えるもの。些細な小さなことでかまいません。たくさんあれば、ストレスにも余裕をもって対応できるはずです

7つの習慣

7

いじめられても、最後は幸せにゴールイン！健康で丈夫な身体のおかげでした

体力こそが貴重な財産

シンデレラは朝から晩までこき使われて、家の雑事を全部、ひとりでこなしていました。

屋根裏部屋の寒さにも耐えられる、丈夫な身体に恵まれたのは、昼間、暖炉の前でしっかりと灰をかぶって、温活していたからかもしれません。

文字通り、「運を動かす」ように運動していたシンデレラは、知らず知らずのうちに基礎体力を身につけていたのです。

プリンセスになっても、ずっと健康でいられました。

「お金持ち」より「体力持ち」に

ここまで6つの習慣を紹介してきましたが、最終的には、ご縁も運も「一番強い人」は、「健康で体力がある人」ではないかと思っています。

私は父の手ほどきで中学からゴルフをはじめ、運命のスポーツだと思い定めて、かなり精進しています。おかげさまで著名な方とご一緒する機会も多いのですが、皆さんお忙しいはずなのに、ご年配の方でも本当にお元気です！

「今週、今日で5日目」とか、さらっとおっしゃる。中には年間220日ゴルフ三昧という強者も。

偶然かもしれませんが、私の周りで、いわゆる成功を手にした人って、体力が有り余ってるんじゃないかと思うくらいパワフルで、健康な方ばかり。

「お金持ち」とか「時間持ち」という言葉があるように、確かにお金を持っている人も時間を持っている人も、豊かなのかもしれません。でも、夫婦ともにがんサバイバーであり、「死」を常に意識する数年間を余儀なくされた私にとって、「体力持ち」こそが一番の財産かなとつくづく思います。

人間の頭脳も精神も、身体が健康であってこそ。体力は、生きる力そのものです。

病気になっても
病人にはならない

人間の身体を守る免疫機能の高さと、心を守る免疫力には、非常に密接な関係があり、「最後に自分を守ってくれるのは、心の免疫力だ」ということを、私は大腸がんステージ3から見事に生還した夫から学びました。

今は亡き、夫の父は、総合病院を経営する外科医でした。個人病院とはいえ、救急車を2台備えた救急指定病院です。

自宅のリビングから診察室まではほんの数秒という環境で、入院患者や緊急で運ばれてくる患者を目の当たりにしながら育った夫にとって、病気は「特別なもの」「畏れるべきもの」

ではありませんでした。

夫の大腸がんを宣告した医師から見せられた画像は、今思い出しても身震いする程、醜く忌まわしいものでしたが、驚くべきことに、彼自身にほとんど動揺は見られませんでした。

夫の身体は無残にも病に冒されていましたが、心は完全に病に打ち勝っていたのです。彼は病気にはなりましたが、一度たりとも病人にはならなかった。

決して楽観できない予後や数時間に及ぶ大手術等々、普通なら心底めげてしまうような荒波を、夫が「心の持ちよう」ひとつで乗り越えていくさまは本当にあっぱれな光景で、垣間見せた彼の尊厳に対しては、現在に至るまで「尊敬」という言葉しか見つかりません。

その3年後、2度目のがんを宣告された私は、この時の夫の淡々とした横顔を思い出し、「ただ泣いて絶望の淵を見つめるのはやめて、とにかく『積極的に生きる』ことに努めよう」と、気持ちを切り替えることができたのです。

病を含め、**人生のあらゆる場面で困難に打ち勝つ力は、強い心、すなわち「勇気」から生まれる**のだと痛感しています。

心身の健康管理も
人生における「段取り」のひとつ

「運命は性格なり」とは、ギリシャの哲学者アリストテレスの言葉だそうですが、人の幸不幸は運命が決めるのではなく、その人の性格、その人の生き方が運命を創っていくのだそうです。

最終的には、よい性格、優れた人格の持ち主が、いろいろなご縁や援助を引き寄せて、「才能」を軽々と超えていけるのかなと思います。

そこに体力と努力が加わったら、無敵ではないでしょうか。

この章では「段取りの大切さ」についてお話ししましたが、「長期的な段取り」という意味では、自分の健康管理も当然、要素として入ってきます。

「常に今、目の前にある課題」が大切で、「時間の借金をしない」のは原則ですが、とはいえ無理をして、一番大切な健康とか体力という財産をすり減らしていくのは、本末転倒。健康管理、しっかりなさってくださいね。

理想の未来を、自分の手で引き寄せるために

ここまで、シンデレラから学んだ「7つの習慣」を、私の経験や生き方に当てはめて説明してきましたが、私自身が現時点で、すべてを完璧に実行できているわけでは毛頭ありません。

ただ、この「7つの習慣」が本当に身についたらベストですし、意識して生活しているだけでも、自分の理想に近い未来が引き寄せられると思っているのです。

読んでくださった方も、それぞれに気付きがあり、試しに実行してみることで初めて実感する感覚や学びが、きっとあるはず。

実は「継続は力なり」という言葉の重みを、仕事を持つ人間の性根として教えてくれたのは義父でした。

前述の通り、義父は総合病院を経営する医師でしたが、日本体育大学の校医としても、50年間その職務を全うしました。「物ごとは継続してこそ価値を持つ。最低でも3年以上続けないのは挫折だ」と常々話していたのです。

コツコツ、コツコツ。ひたすらコツコツと、まずは小さなことから積み重ねることが大切ですし、本当にゆっくりなペースでいいのです。

そもそも、私の大きな大きな欠点は、せっかちな完璧主義者、だということです。

2度のがん経験や、それに続く鬱症状に苦しんだのも、すべてにおいて完璧を目指した結果。家の中も外も完璧に、いつも身綺麗に。無理に無理を重ねて、ついに心も体もボッキリ折れてしまったのです。

30代半ばの頃、自分で自分のことを「ハイヒールでオリンピックに出場するジョイナーみたい」って思っていました。

今考えると笑い話のようですが、クローゼットの中ですら整然と、洋服が美しいカラーグラデーションになって並んでいなければ、気が済まなかったくらい。あの頃のこだわりはミリ単位でした。

「徹底的に頑張ろう」とか、「なんでも完璧にやろう」と思い込む傾向のある人は、くれぐれも無理をなさらず。

世の中には、頑張ってもできないことのほうが多いのです。

「無理だよ、諦めようよ」と見切りを付けることは、絶対に必要です。

「人生における成功」とは？ 世間の物差しで測るのは、止めませんか

皆さんにとって、「理想の未来」とは、どんなイメージでしょうか？
人生における「成功」とは、何を指すのでしょうか？
長年の友人であり、故・尾崎豊さんの妻である尾崎繁美さんは、こう話していました。
「成功は成長」だと。
こう言い切った彼女に、心から賛同します。

たとえ周囲にアピールできるような成果が得られなかったとしても、自分自身が成長できたら、それだけでトライは大成功。それくらい、人間的な成長というのは素晴らしいものだし、価値あること。
お金を稼ぐことや社会的な地位など、**世間的な評価だけが人生における成功ではない**と、

はっきり申し上げたいのです。

それよりも、誰かから感謝されたり、互いに支えあえるような人間関係を築くことのほうが、ずっとずっと大切なこと。

私自身は、同性のお友達からリスペクトされるような存在になれたら、それが一番嬉しく、自分自身に誇れる成功だと感じています。

例えば、食事の後、別れ際に「今日は楽しかった。ありがとう」と言ってもらえたら。それだけで本当に嬉しいし、ずっとそう言ってもらえるような自分であり続けよう、もっともっと頑張ろうというモチベーションにつながります。

成功の基準は人それぞれ。少なくとも、**世間の物差しに合わせるのではなく、自分自身の成長にフォーカスすることが大切だと思います。**

何があっても空元気で行こう！

誰からも好かれる人気者が……素顔は意外に暗かったりするものです。

相手の考えや感情に配慮しながら、自分の気持ちや信念を言える人になりたい。

あらゆる意味で、バランスの取れた成熟した人になりたい。

感情や衝動、気分に流されることなく、自分が大切と思う価値観を優先できる意志を持ちたい。何より、自分に誠実でありたい。自分をコントロールし、本当の意味で自立できて初めて、自尊心が持てるのでは……？


言葉にするのは簡単でも、実行するのはたやすいことではありません。本当のことを言えば、「こんな素敵な人になりたい」「こうなりたい」と理想を描きつつ、この本を書いています。そして本を書いておきながら矛盾するかもしれませんが、人は全部をさらけ出すより、少し隠しているくらいのほうが魅力的に見えるのではないかと思っています。

自分の情けない部分、弱い部分、どろどろとした部分はできるだけ表に出さないような生き方を選択したいなと。

2度目となったがんのオペは大変でしたが、甘え下手な私は、回復するまで、両親にすら病気のことを話しませんでした。オペ後、周囲から「元気そうに見える！」と言われると、内心では「やった！」とガッツポーズでした。

家の外では常に外見を整えて、気が重いことがあっても疲れを見せず姿勢よく。空元気でもいいから明るく振る舞っていれば、不思議と気分も変わっていく。こんな体験を積み重ねているうちに、ますます元気に振る舞うのが好きになりました。実際、楽しく明るい気持ちだと、パフォーマンスの精度は確実にあがるのです。

心が積極的なら、運命や境遇以上の力が出せるはず、と信じています。

令和のシンデレラは大坂なおみさん

現時点で私が考える「令和のシンデレラ」。

その1人は、大坂なおみさんです。

2020年の全米オープンでは、黒いマスクに人種差別によって命を落とした7人のお名前を記して戦いました。賛否両論を受け止めながら、見事に優勝した勇姿は忘れられません。

私自身、ゴルフの競技会にエントリーしたり、「ショップチャンネル」で予算達成を目指すなど、ファイトだけはアスリート並みと自負しているので、大坂さんのように有言実行できる芯の強さは尊敬します。

インタビューの受け答えからも、人に対する思いやりや誠実さ、自分を戒める忍耐力などが伝わってきました。しかも、決して「群れない強さ」も素晴らしい。

人は誰かと群れると、途端に気持ちの「軸」がぶれてしまうものです。特に女性にこの傾向が強い気がするのですが、普段は節度のある方でも、仲良しグループで行動すると、なぜか周囲の目を気にせずに大きな声でお喋りしてしまったり、愚痴や悪口のオンパレードになってしまったり……。

自分1人で考え、1人で楽しむ。自分の意志で決断する、あるいは自分で自分を鼓舞できる……といった、「自立の習慣」を持っていることは、とても大切です。

『シンデレラ』は、320年以上も語り継がれている、世界で一番有名なプリンセス物語ですが、実は『眠れる森の美女』や『白雪姫』とは違い、シンデレラ自身は生まれながらのお姫様ではありません。

「ちょっとルックスがよくてお嬢様だったから、ラッキーだけで王子様と結婚できた」わけではなく、実はものすごく根性があったし、コツコツと段取りしていたし、「やる時はやる」

勇気の持ち主でした。

負けないで、くじけないで、戦って勝ち抜く強い女性……それが私にとってのシンデレラ。

あなたにとってのシンデレラは、どんな女性でしょうか？

For Your Health

健康のためにできることを 10書き出してみましょう。

今やっていること、これからやろうと思うこと。やってみて失敗したことでもかまいません。

1

2

3

4

5

6

7

8

9

10

Chapter 3

いつまでも美しく、につながる
「シンデレラをより美しくする」実践セルフケア

絶不調のはじまりは低体温でした

卵巣がんの摘出手術を行った翌年、私はホルモンバランスの乱れからくる、酷《ひど》い鬱症状に悩まされました。

兆しは、低体温でした。

体温を何度測っても、体温計を買い替えても、35℃前半から上がらないのです。時には「雪山で遭難しかけているような体温」だと言われましたが、お風呂に入って身体を温めてもダメ。一瞬は温まっても、キープできないのです。

寝る直前には足をドライヤーで温めるほど完全に冷え切っていて、ついには動けなくなってしまいました。もちろん、仕事どころではありません。

とにかく身体を休めようと横になっても、1時間くらい、しかも浅い睡眠しか取れません。食欲もなく、身体はふわふわと頼りなく、意識は朦朧《もうろう》。髪を洗うことすら億劫。

大好きだったファッションにも興味が湧かず、得意なはずの料理のメニューも考えられなくなりました。

この私が、ダンドリーナが、スーパーの中を何周も徘徊《はいかい》し、何を買えばいいかわからなくて、1人で呆然と立ちつくしたのです……！

実家の電話番号も思い出せなくなり、少し前の記憶をなくすことも続きました。「私は壊れてしまったの?!」と考えたら、怖くて怖くて。

「上機嫌がマナー？ 時間の借金はしない？ 段取り？ もう私には一生、無理！ 消えてなくなりたい……」とすら思った日々でした。

あの時は、身体も心も冷えて固まり、澱《よど》みに沈みそうになっていたのだと、今はわかります。

「運動」で「運」を「動かす」

「あなたが鬱に勝つには、運動するしかないよ」

心身の不調を必死で訴える私に、笑顔でこうアドバイスしてくださったのは、主治医の先生でした。

それまで自分の身体をまったく労《ねぎら》ってこなかったことを大いに反省した私は、重い身体を引きずるように、当時、自宅の三軒先にあったスポーツクラブに入会しました。

そしてすぐにパーソナルトレーナーの先生にアポを取りました。ドタキャンすると先生に迷惑がかかるので、何とか自分を奮い立たせる口実になるかと思ったのです。

少しでも時間があれば、ウォーキングしたり筋トレしたりとするうちに、冷え切っていた身体も徐々に温もりを取り戻し、体温が少しずつ上がっていきました。と同時に、薄皮を剥がすように、鬱々として重苦しかった気持ちが、少しずつ晴れていったのです。

まさに「**運動とは、運を動かすことなり**」を実感した出来事です。

と、同時に、「仕事の有り難み」も、心の底から実感しました。

「え？　仕事のストレスから鬱っぽくなったのでは？」と思われるかもしれませんが、私の場合、鬱症状の大きな原因は、更年期と、さらに外科的な人工閉経からくるホルモンバランスの乱れにありました。

もし仕事をしていなかったら、一日中、家に引きこもってしまったかもしれません。

「ショップチャンネル」をはじめ、仕事があったからこそ、シャワーを浴びシャンプーしてメイクをして……なんとか外見を保っていられたのです。

主治医に相談にいったのも、「仕事に穴は開けられない」という責任感からでした。結果的に、「仕事が私を助けてくれた」のです。

仕事をなさっていない人なら、「自分以外の大切なもの」を思い描いてみてください。たとえ自分のためには頑張れなくても、ご両親とか、お子さんとかパートナーとか、ペットとか、何か大切なもののためになら、人は力を振り絞って頑張れるものです。

辛いことを経験するのは、いつかのためにエネルギーを貯めていると思って。大切なのは、決して諦めないこと。気持ちがどん底に落ちてしまっても、いつか必ず明るい日がきます。

エクササイズは自分の身体と会話するつもりでゆっくりと

「運動」の大切さを身をもって知った今では、毎日の生活に適度な運動は欠かせません。夜ぐっすり眠れるように、日中は意識してエネルギーを使い果たすようにしています。運動、仕事、料理、掃除、趣味……etc.

コロナ禍で外に出ることがままならない今、うまく眠れない人が多いと聞きます。もしかすると、エネルギーを消費できていないからかもしれませんよ。

もちろん、アスリートではありませんから、自分を追い込んでしまう程、ハードな運動は必要ありません。

常に、楽しい、嬉しい、の気持ちが基本です。

「基礎代謝」という言葉をご存じかと思います。

基礎代謝とは、体温の維持をはじめ、人が生きていくために最低限必要なエネルギーのこと。つまり、人が生きているだけで、刻々と消費されていくエネルギーです。そして基礎代謝の中でも、身体を支える働きを担う筋肉は、多くのエネルギーを必要とします。

つまり、筋肉の量が増えると、それだけで基礎代謝は上がるのです。もちろん、これだけで劇的に脂肪が減るわけではありませんが、少なくとも「筋肉量の多い身体は、筋肉量の少ない身体よりも、太りにくい」ことは事実。

しかも、筋肉は身体を支える働きの他に、体温を維持する役割も担っているため、筋肉量を増やす筋トレは、最高の「温活」でもあるのです。

筋トレのいいところは、ボディ〝ビルド〟という言葉の通り、やればやった分だけ、視覚的にもわかりやすい成果が得られるところ。「筋肉は裏切らない」というキャッチフレーズは、私の実感としても真実です。

筋トレで得られた筋肉は、自分自身の努力の結果。成果が上がれば自信もついて、さらに行動がアクティブになっていくはずです。

第2章でご紹介した「体力という財産」を大きく増やすためにも、自分基準の適切な運動量を知って、筋力を蓄えたいですね。

たとえ健康な方でも、運動をする習慣がなかったり、残念ながら加齢によっても、「三筋後退」は、起きてしまうものです。

「三筋」とは、ひとつめが太ももの前側の大腿四頭筋、ふたつめは腹筋、みっつめは二の腕の上腕三頭筋。この順番で、筋肉は後退、減少します。

2002年に静脈瘤のドクターが設計した、イタリア製の段階式着圧［⬇130ページに続く］

❷朝の習慣にするなら、充実した1日になるよう、爽やかな高原をイメージしながら。夜なら、好きな花や夜空など、癒やされてリラックスできる環境をイメージして。

❸鼻からゆっくり息を吸い込みながらお腹を膨らませる。丹田（おへそから指3〜4本分真下のあたり）に空気を溜めるイメージで。

❹4秒くらい息を止めた後、少し口を開き、ゆっくりと息を吐き出す。吸う時の倍くらいの時間をかけるのがベスト。お腹と背中が、前後合わさり、ペタンコになるくらいまで息をしっかり吐き出す。これを最低5回はゆっくりと繰り返します。

小枝流 腹式呼吸で「くびれ」をつくる！

トレーニングの時間がない、運動は苦手な方でも、お家ですぐに実行できる健康法をお教えしましょう。それは腹式呼吸です。

腹式呼吸はお腹の深層部にある腹横筋を鍛えます。腹横筋は肋骨の背中から骨盤までを広く覆う筋肉です。鍛えることで、コルセットのようにウエストから脇をグッと締め、くびれをつくってくれるのです。さらに自律神経を刺激し、副交感神経の働きを優位にします。血行が促進され、心身ともにリラックスできる呼吸法なのです。

不安な出来事が起こったり、仕事中にイライラしたり、思い通りにならないことがあったときにも、腹式呼吸を。息を大きく吐き出せるようになると、不安な気持ちやイライラ、不満などのマイナス要因が、うまく吐き出せます。

オフィスなど、仰向けになれないときは、椅子に座って。〝坐骨〟と呼ばれる、骨盤の一番下の左右にある骨に均等に体重がかかるようにして座り、上半身を楽な位置に調整します。こうして「骨盤を立てる」姿勢で腹式呼吸を行うと、大きな効果が得られます。

❶仰向けで寝る。両足は腰幅に開き、膝をしっかり立てる。

ストッキング「メディカルステイフィット」を発売する際には、日本で初めて「スローストッキング」というメソッドを考案しました。

自分の身体と会話するように、3分以上の時間をかけて、正しくストッキングを穿きましょう、という考え方です。実は、この「スロー」の意識が、とても大切。

ゆっくりと身体意識を刺激することで、筋肉が安定し、精神も安定します。

週2回、1時間ずつ、自宅でパーソナルトレーナーの指導を受けて筋トレをしていますが、横になった姿勢での腹式呼吸は手軽にやれるので、毎晩続けています。

「運動」と「温活」が健康を支える両輪です

「運動」と並び、私の健康を支えてくれるもの。それは「温活」です。

「温活」とは、一時的に体温を上げるのではなく、深部体温を高め、それを自力でキープできる身体をつくること。

第2章で、私が不機嫌になるのは、たいてい精神的、時間的な余裕がない時、と書きましたが、実はもうひとつ別のシチュエーションがありまして、それは寒いとき、です。私は子供の頃から極度の冷え性で寒がりでした。鬱の予兆は低体温でしたし、がんになった原因のひとつも、冷え性体質にあったのではないかと思っています。

さらにもうひとつ。「頑固な人はがんになりやすい」とも言われていて、個人的にはこの説も、すごく腑に落ちるのです。というのも、私が頑固になるのは不機嫌なとき。つまりやっぱり、身体が冷えているときなんです。

あー、全部繋がっているなと納得してからは、できるだけ「怒る」という感情からも遠ざかろうと心に決めました。

意外に思われるかもしれませんが、「怒り」の感情は、「冷え」に繋がるのです。

怒りの感情が湧くと、脳内には〝ノルアドレナリン〟という神経伝達物質が分泌されます。ノルアドレナリンは、自律神経を刺激して、交感神経の働きを優位に働かせます。

身体面では、呼吸数や心拍数の増加などが起こるのですが、同時に「手足の冷え」を引き起こす原因になるのです。

医師だった義父の、「怒ると老けるよ。老化は慢性の病気だよ」の言葉には説得力がありました。

ですから、常に上機嫌でいることは、強縁体質をつくる縁活であると同時に、私にとっては「温活」にもつながっています。

常に手足が冷たい方、下痢や肩こり、腰痛に悩まされている方、そして何をしても痩せない方は、要注意です。「温活」をはじめてみてはいかがでしょう。

「身体の声」に耳を傾けて

2012年の鬱状態を乗り越えるまで、私自身は女性の身体に「運動」と「温活」、この両方が必要不可欠だとは知らずに過ごしてきてしまいました。

30代は完全にオーバーワークでしたし、今思えば、段取り力も上機嫌力も不足していました。さらに生来の甘え下手の完璧主義が拍車を掛けて、1度目の大病、子宮頸がんを引き寄せてしまったのだと思っています。

オペの後、主治医の先生が「これからは、テケテケとゆっくり歩く人生でね」と素敵な言葉を贈ってくださったにもかかわらず、わずか4ヵ月後に迎えた「ステイフィット」の大ヒットで、ゆっくりどころか、さらにエンジン全開で突っ走るような日々に突入してしまいました。

当時の私は、「せっかく神さまからいただいた命。『ステイフィット』で日本人女性の脚を解放したい。革命を起こしたい！」と、使命感に燃えていたのです。

「スローストッキング」というメソッドを考案・提唱していながら、今思えば、当時の私の生き方は「スロー」どころか生き急いでいるとしか思えないものでした。

さらに絶好調が続く仕事の影には、夫の大腸がんや、肝臓がん疑惑（結果的には間違いでした）が重なり、忙しさもストレスもマックスに。深く眠れない、うまく立てない、原因不明のめまいに悩まされるなど、予兆はたくさんありました。

実は当時のことは、霧に包まれたようにぼんやりとしていて、はっきりとは思い出せないのです。

でも、それ程までの不調にも目をつぶり、休むことを決断できなかった私は、結果的に2011年の卵巣がんを招くことになってしまいます。身体も心も悲鳴をあげていたはずなのに、私はその声に気づけなかった、気づこうとしなかったのです。

完全にペース配分を見誤っていました。

そんな私ですから、エラそうなことはとても言えませんが、でもだからこそ、この本を手に取ってくださった皆さんには、私のような回り道をしていただきたくはないのです。

がんサバイバーである私だからこそ、実感をこめて言えるのです。

「運動」と「温活」が、健康を保つための両輪です。ぜひ、お心に留めていただければと思います。

「温活」にこだわったおすすめ愛用品

ここからは、私が実践する「温活」について具体的にお話ししましょう。

「必要は発明の母」と言いますが、これはまさしく真実で、弊社の「ハラマキタイツ」を考案したのは私です。

卵巣がんのオペの後に仕事復帰した際、お腹が冷えないように使っていた腹巻きがズレてくるのと、ウエストラインがもこもこと美しくないのが、すごく気になったのです。せっかくシルエットのきれいなワンピースを着ても台無しです。

お腹を温めるという機能に、見た目もすっきり整える効果を追加したい。だったら、「股上をぐぐ〜っと深くして、タイツと腹巻きを合体させちゃえばいいんじゃない?!」。

こう考えて急遽、製作したのが、「ハラマキタイツ」でした。

弊社の商品はすべて、「人を喜ばせ、驚かせたい」「あったらいいな」という気持ちが発想の根幹。お客様に「こんなのが欲しかったの!」と言っていただくためにも、まずは私が本当に欲しいもの、必要なものをかたちにすることにこだわっています。

果たして「ハラマキタイツ」は期待以上の大ヒットに。世の中には、私と同じように、冷え性で悩んでいる女性が多いことを実感した出来事でした。

「冷え」が辛いのはよくわかっていますので、自分の目で見て肌で触れて、安全で快適な素材だけを使って作っています。

今年デビューする「うすくてポカポカインナーfromITALY」という商品は、イタリア製の特殊糸でうすいのに、とてもあたたかなインナーです。持論としては、「薄手の重ね着」が一番快適かなと思っています。

厚手のセーターなどは体温が調整しにくいですし、上半身が温まり過ぎると、今度は「冷えのぼせ」のような症状が起こることもあるからです。

「頭寒足熱」を心掛け、真夏でも素足でいることはほとんどありません。冬の寒い夜は、電気毛布の代わりは湯たんぽです。

身体を芯から温めると、私のような「外面おばけ」でも、家でご機嫌でいられますよ。

就寝時の着圧ソックスは絶対にやめましょう

「冷え性」の人の多くは、足のむくみにも悩んでいらっしゃるようです。

イタリア製の段階式着圧ストッキング「メディカルステイフィット」は、おかげさまで発売から20年を迎えようとしています。

同シリーズのハイソックスは、足がむくみやすいオフィスでのデスクワークや冷房対策に欠かせません。

とはいえ！　夜、眠るときに「着圧ソックス」を穿くのは本当に本当に体に悪いので、絶対に避けてくださいね。

実は私、夜用の着圧ソックスについては、自分でも商品化したくて、「メディカルステイ

小枝雅与の美しさと健康を支える「7つの習慣」

❶睡眠時はフェイスラインをキープするマウスピースを装着。

❷食事は食材にこだわった、シンプルな手料理が基本。

❸若さを印象づけるのは美しい歯。フロスを使って口腔ケアを。歯科検診は年に4回を習慣に。

❹8年以上続けている「温活」のためのインディバ（高周波治療機器）による全身の施術。

❺パター練習器「ザ・レール」を3回連続達成してから活動するルーティーン。

❻くびれをつくり、良質な睡眠へと導く「腹式呼吸」。

❼1回1時間、週2回の筋トレは10年間継続中。

フィット」を監修しているイタリアの血管専門外科のドクターに、相談したことがあるのです。

「就寝用着圧ソックスをつくりたい」と。そうしたら、

「あなたはいったい何年、着圧ストッキングに関わっているんだ！
こんなこともわからないなら、このビジネスはやめたほうがいい！」

こう、こっぴどく叱られて。何の成果も得られずイタリアから帰国した、苦い想い出が……。

着圧ソックスを就寝時に穿くことのデメリットは、いくつかあります。

●横になった状態で毛細血管を締めつけると、血液循環が悪くなり、体温調節がうまくできなくなる……むしろ冷える。
●足裏の汗がこもって、足が蒸れやすくなる。
●足裏からの放熱を妨げることで、身体の新陳代謝を悪くする。

こうした理由から、就寝時の着圧ソックスは、どうぞお控えください。

とはいえ、やっぱりふくらはぎの冷えはすごく辛いので、弊社で考案、開発した、できるだけ締め付けないタイプの「レッグウォーマー」や「3首ウォーマー」で、首と手首、そしてふくらはぎ、足首は、絶対に冷やさないようにしています。

もちろん、腹巻きは1年中愛用しております。

私なりの食習慣を実践しています

食習慣に関しては、2度のがん罹患を通じて勉強してきた内容から、私に合ったやり方を見つけ、実践しています。その一部をご紹介しましょう。

まず、朝は固形物は食べません。「午前中は排泄の時間」と決めています。私の場合、朝食をとると身体が冷えてしまうのです。

冷え性の原因のひとつに、血流の悪さがあげられます。胃腸に食べ物を詰め込むと、胃の消化活動のために血液が胃に集中します。結果、手足の毛細血管の血流が悪くなり、冷えの症状が起きてしまうのです。

これを体感して以来、朝、固形物をとるのを止めました。多くのエネルギーを必要とする、若い世代には不向きかもしれませんが……。

朝は7時か7時半に起きます。朝食には、にんじん&りんごジュースか、お味噌汁。時間がないときは、白湯に生姜かシナモンを加えて。これで終わりです。

生姜は生を搯《す》って使っていますが、「冷え」を強く感じた日は、ドライジンジャーのパウダーを入れて。

「朝は白湯からはじめるのがいい」とおっしゃる方もいますが、個人的な感想としては、白湯を飲むと、結局、お腹の中で冷えた水分によって、身体が冷えてしまう気がします。ですから私の場合、白湯には必ず生姜がセットです。

「水をたくさん飲む」ことも、エクササイズやゴルフなど、身体を動かしているとき以外は、実践していません。

アイスクリームなど、冷たくて甘いものは、ほとんど興味がないというか、好きではありません。甘いものは好きなのですが、白い砂糖は身体を冷やすので、できるだけブラウンシュガー、もしくはてんさい糖などにするよう気をつけています。

基本的に真夏でも、温かいか常温の飲み物を心がけています。

居住まいを正し佇まいを整える

人から「見られる」機会が多い仕事柄、おしゃれは大切にしています。

自分のためでもありますが、悲しいかな、あらゆる生物は年齢を重ねると、瑞々しさを失っていきます。表現は悪いかもしれませんが、肌も髪も艶を失い、手には魔女のような血管が目立ってくるのは事実ですから、仕方ありません。

もちろん、素敵な先輩方がいらっしゃるのは事実ですし、おばあちゃんわんこやおじいちゃんにゃんこが、たまらなく愛しく、抱きしめるとこのうえない幸福感を得られることとは、まったく別の話です。

私は今、57歳ですが、とても中途半端な年代です。気を抜くと、一挙に朽ち果ててしまうだろうことは、容易に想像がつきます。

あくまで風景の一部として、美しく社会に存在したいのです。

周りの人に、不快で嫌な思いをさせないよう、身綺麗なイメージで存在していたい。心境

❺パーマはかけない。

ヘアアクセサリーもプロデュースしていますので、ヘアケアは大切。テレビ映りのためにヘアカラーはしていますが、傷みがちなパーマは止めました。昭和スタイルの、太めのホットカーラーでゆるく巻くのが好きです。

❻3食しっかり食べない。

「お腹いっぱい」にしないようにすると、心も身体も軽くいられます。飲み過ぎ、食べ過ぎの日があったら、3日間くらいかけて調整するようにしています。

❼ストレスを溜めない。

ストレスが溜まると、身体がむくんだり、肌がくすんだり。アロマの香りに頼ったり、お風呂にゆっくり入ったり、好きな音楽を聴いたり。ストレスをリリースすることが大切です。

美容に関する「ノンウィッシュ」7つの習慣

❶エステは受けない。

顔に定期的にインディバをかけていて、コラーゲン増幅は充分。シワも気にならなくなりました。保湿は大切なので、自分で美容パックは頻繁にしています。

❷ボトックスなどのプチ整形には頼らない。

プチ整形で人相が変わっていく知人たちを見て、あまり素敵だと思えませんでした。かつては眉間のシワにボトックスを打ちましたが、無限ループにハマりそうで。今では否定派です。

❸ジェルネイルは施術しない。

現在は、自分でお手入れをして、ベージュピンクのネイルや、気分に合わせた季節感のあるネイルをしています。こんな楽しみ方が、時代にも合っている気がします。

❹洗顔後、タオルは使わない。

洗顔だけの道場で、日頃、使っているタオルがいかに雑菌まみれなのか、教えていただきました。以来、洗顔後は、ティッシュ一枚でオフしています。

としては、居住まいを正し、佇まいを整えておく、といった感じでしょうか。

ここ数年、50代・60代でご結婚なさった女優さんが話題になりますが、私の周囲でも、50代半ばで結婚に至る友人は少なくありません。

彼女たちに共通しているのは、姿勢のよさと、細部まで行き届いた清潔感。仕事を持つ持たないに関わらず、凛とした佇まいと、自分を客観視できる知性が見て取れて、素敵です。

姿勢は、文字通り身体の構えですが、心の構えも表します。その方がいかに仕事に取り組んできたか、恋愛に取り組んできたか、どう生きていらしたのか。

すっと伸びた姿勢を見ると、その方の生き様まで透けて見える気がします。

「愛し、愛され」の無限ループで幸せに

コロナ禍で、オンラインでの打ち合わせが増えました。でも正直に言えば、ステイホーム

での仕事は何となくルーズになりがちですし、みんなでそれを「仕方ないよね」と許容しあう雰囲気になるのが、好きではありません。

前提として、「人に会うのが好き」というのもありますが、やはり働くときにはきちんとした服装で、オフィスで居住まいを正して取り組むのが気持ちいいし、気が引き締まると思うのです。

ファッション関係に携わっているので、「時代の空気を読む力」は、とても大切です。見る目、読む力を養うためにも、センスを磨くためにも、できるだけ多くの生の舞台や美術、本物の文化に直接触れて、常に美意識をアップデートしていきたいと思っています。

コロナ禍では、生のライブや舞台から受けるエネルギーと、オンデマンドの画面からのエネルギーの違いを、まざまざと感じました。

それに、そういった「場」に出かけるときに、会場や演目、ご一緒する方のお顔を思い描きながら、服装やメイクを整えるプロセスが、大切な刺激であり、大好きな時間です。

私の周りには、お洒落上手で自己愛に溢れた友人が多いので、とても幸せだなと思います。

自己愛という言葉は、ナルシスティックなイメージが強いのか、あまり好意的に受け取られませんが、自己愛が強い人は、周囲の人への愛情も深い人だと思うのです。

私がテレビ通販の仕事をして痛感したのは、「伝える」と「伝わる」は、まったく違うものだということ。

自分は「伝えたつもり」でも、実は「伝わっていない」ことが、いかに多いことか。

周囲への愛情や好意、思いは、「伝わって」こそ。


例えば、あなたが初対面の人に対して、「この人、一緒にいてすごく気持ちがいい。気が合いそう！」と思ったとします。あなた自身は精一杯の笑顔で、その気持ちを表現しているつもりでも、相手がそれを感じとってくれるとは限りません。

でも、そこでひと言、「今日はお話しできて、とても楽しかった。また是非、お目にかかれたら嬉しいです」と言葉で伝えられたら。

相手にとっても嬉しいことですし、そのひと言が、互いを隔てていた壁を取り払ってくれることもあるでしょう。好意や愛情は「伝わってこそ」ご縁が生まれ、人間関係を発展させてくれるのです。

周囲への愛情を上手に表現できる人は、自然と周りからも愛される人。こうして自分と周囲との、「愛して、愛されて」の無限ループが成立します。

SNSで、毎日毎日、自撮りをアップしている人にも、「愛されてるオーラ」を感じます。「人から愛され」て、「自分も大好き」だなんて、素敵ではありませんか？

しかも、彼女たちはいつも気持ちが満たされているせいか、無闇に大勢で群れたりしないし、人の悪口や愚痴、不満を口にすることがないのです。むしろ、人の美点を目ざとく見つけて、「素敵！」と褒めてくれる人ばかり。

ファッションブランド『&LOVE』をプロデュースする「アン☆ドゥ」の雅美さん、里美さんも、「愛し愛されの無限ループ」を、それはそれは見事に実践して見せてくれる双子姉妹です。常に自撮り棒を持っていて、人にシャッターを切らせることがありません。

先日も、私が「自撮りをしたことがない」と話したら、手取り足取りで自撮り棒の使い方その他、伝授してくださいました。

優しさや気持ちを「伝えることができる人」って、本当に素敵だと思います。

身体の末端ほど清潔感にこだわる

意外に思われる方が多いのですが、私はネイルサロン、エステサロンには行きません。爪に関しては、20年程、ネイルサロンでジェルネイルをお願いしていましたが、数年前にやめました。

ふとしたきっかけでジェルを取ったら、地爪がとても薄く、弱くなっていたのです。個人差もあるのかもしれませんが、私の場合は、これ以上、弱くなってしまっては大変、という判断で、セルフネイルに変えました。

今ではネイルを塗るのがかなり上達しましたよ。

ヘアは美容院で、主にヘアケアと白髪対策をお願いしています。

オンエアに合わせて白髪染めをするので、リタッチの優秀アイテムには、詳しくなりました。パーリーデューの若美髪トリートメントファンデーションは、白髪をリタッチしながらトリートメントもできるので、長年愛用しています。専用のブラシも優秀です。「髪は顔の額縁」と、パーリーデューの山口眞未子さんから教えてもらいました。

よく言われていることですが、「清潔感は身体の末端から」。爪先、毛先には特に細かな神経を使い、清潔感を大切にすることを心掛けています。

エステなどの高価な美容代は、ときには自分へのご褒美としてよいかもしれませんが、コロナ禍の、今の私には不要です。

人生は持久戦。大事なのは、最終的に「基本」です

エイジングは誰にも訪れるものであり、避けては通れない課題です。シワやシミなど、現実を受け入れがたい気持ちも理解できます。

ただ、「もっと美しく、もっと若々しく」という欲求のままに、「ありとあらゆる手段を試す」行動を加速していくと、年齢を重ねること、つまり「生きているだけ」で、ストレスが増すといった状況に陥りかねません。

こうなると、どんなに素晴らしい美容法や化粧品に対しても、「本当に効くの?」という猜疑心が先行して、かえって効果を得られにくくなってしまう気がします。

少し意地悪な言い方かもしれませんが、どれ程、高価なスキンケアアイテムを使っても、使う側にそれを素直に受け入れる気持ちがないと、肌も美容成分を充分に吸収できないのではないかしら、と思ってしまうのです。

実際、とても高価なコスメやエステサロンを次々とサーフィンして、「あそこは○○がよくなかった」と、常に否定的な感想ばかりを口にする方はいらっしゃるものです。残念なことに、その表情はあまり幸せそうには見えません。

2020年の日本人の平均寿命は、女性が87・74歳、男性が81・64歳と、ともに過去最高を更新したそうです。

これほどの長寿の時代に、エステサロンや、ましてやプチ整形などに頼りきってしまったら、今後、どれだけの手間と時間とコストを費やすことになるのでしょうか?! 想像しただけでぞっとします!

人生は持久戦です。高価なスキンケアや凝ったメイクよりも、大切なのは、バランスの取れた食事、上質な睡眠、適度な運動。

つまり、「基本」と言われている要素が、結局、何より大切なのです。

長い目で見ると、この基本を素直に受け入れ、健康に気を配る習慣を持っている人こそが、「若さと美しさの持久力が高い人」なのだと思います。

素直さこそが知性であり美しさの源です

ショップチャンネルにカリスマゲストとして出演なさっている加藤タキさんは、まさに「若さと美しさの持久力が高い人」。

ご存じの通り、タキさんは米国報道誌の東京支局勤務を経た後、ショービジネスの世界へ入り、オードリー・ヘップバーンやソフィア・ローレンをはじめ、海外スターのCM出演交渉や音楽祭など、国際間のコーディネーターの草分け的存在として活躍された方です。現在も、講演や著述、ボランティアなど、幅広くお仕事をされています。

私はもう30年以上、お付き合いさせていただいていますが、タキさんのどこが素晴らしいかというと――これはもう本当に褒め言葉として申し上げるのですが――「まったく謙遜しない」ところ、です。

番組でも、キャストさんに「タキさん、いつも本当にお若くて美しいですね」と言われると、「そうなの〜！」と、輝くばかりの笑顔でお応えになっています。

日本人ばなれした華やかなお顔だちといい、社交ダンスで鍛えたプロポーションといい、過剰にへりくだらない天真爛漫な素直さ、決してひけらかさない知性など、自己愛度数の高さも含めて、本当の意味でグローバルに通用する美しさを備えた女性です。

私が新しいイヤリングをしていると、目ざとく見つけて「あら、可愛いわね。それ、どこの？」と聞いてくださいます。弊社のものだとお答えすると、「それ、買いたいわ！」とニッコリ。その素直さ、率直さが本当にまぶしくて。

まるで太陽のように明るく周囲を照らすポジティブな美しさを、１９４５年生まれという年齢の女性が、ずっと保ち続けているなんて、奇跡です！　それでいてもちろん、日本女性としての美意識や繊細さも兼ね備えていらっしゃいます。

実は「ショップチャンネル」にカリスマゲストとして出演なさっている方々は、小林照子先生、加藤タキさんをはじめ、美しさや知性はもちろん、人間的にも素晴らしい方ばかり。

生放送後一カ月間はスマホからも番組を観ることができます。ぜひ、ご自分の目でご確認なさってみてください。きっと納得されるはず。

「人生のお手本にしたい」と思える先輩方が、身近にいてくださるのは、幸運なことです。何歳になっても感動できる素直な心、好奇心を持ち続ける柔軟さこそが、人を輝かせるのだと確信します。

素直さこそが、最大の知性であり、美しさの源です。

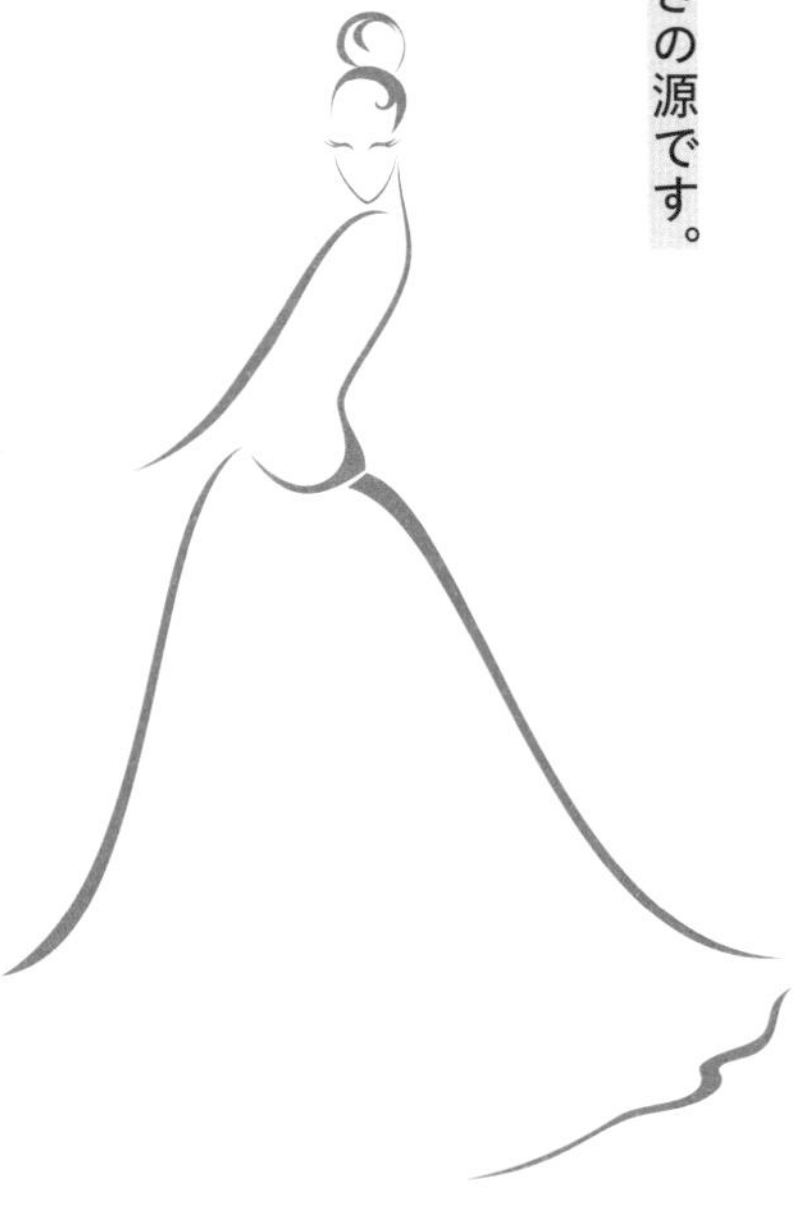

小枝雅与の美しさと健康を支える「7つの愛用品」

「黒華」(KOKKA)

髪にハリ・ツヤを与えてくれる、長崎県産ふのり由来の紅藻エキスを配合した、シャンプー。

「アラ還世代であり、しかも人工閉経によって女性ホルモンが分泌されない私にとって、髪のハリ・コシをキープするのは、重要な課題です。『髪は顔の額縁』と言われ、美しさや若さの象徴。『トレイン』はヘアアクセサリーもプロデュースしているので、いっそう日々のヘアケアに力が入ります」

販売先：ショップチャンネル

「アーユル・チェアー」椅子

　呼吸が深くなり、坐骨で座る理想の姿勢が手に入る。腰痛に悩む方にもお薦めできる、日本人向けに作られた健康椅子。

「忙しい最中、夢中でPCに向かっていると、知らぬ間に呼吸が浅くなり、猫背になりがちです。浅い呼吸は自律神経過剰に繋がりますし、睡眠障害を引き起こすことにも。ぽっこりお腹にならないためにも、正しい姿勢を習慣にするよう意識しています」

販売先：株式会社　アーユル・チェアー ジャパン

「nakeda alpha（ニキーダアルファ）」ハーブパッド

　ハーブ、薬草、玄米、米ぬか、粗塩などの自然素材を独自に調合した、手作り蒸気温熱ハーブパッド。電子レンジで温めて、繰り返し使える温熱療法キットです。

「身体の〝冷え〟は、がんを引き起こす原因のひとつと言われています。身体を冷やさないよう定期的にインディバを受けていますが、疲れた時や眼精疲労を感じたときや、美容院に行く際にも持参し、常に『温活』を意識しています」

販売先：https://nakedaalpha.thebase.in

「パーリーデュー　パーフェクトクレンジング＆ウオッシュ」
クレンジング ＆「パーリーデュー」シリーズの基礎化粧品

弱酸性、石油系活性剤不使用、ノンシリコン、ノンパラベン、無鉱物油、ノンアルコールで、国産不死化ヒト幹細胞培養液＆加水分解コラーゲンモイスチャーエキス入りのジェルタイプクレンジング。
「化粧品やシャンプーなど、肌に直接触れるアイテムは、念には念を入れて厳選したいもの。あまり知られていないのですが、実はテレビ通販『ショップチャンネル』での販売には、百貨店やバラエティストア、ドラッグストアの何倍も厳しい基準が設定されています。ですから私自身、プロの美容バイヤーがセレクトしたアイテムには、絶対的な信頼を寄せています。特にクレンジングジェルは、使用感が素晴らしいのはもちろん、ハードメイクもお湯だけでストレスなく落とせます」

販売先：ショップチャンネル

「京カエル」歯磨き粉

36種類以上の生薬を練り込んだ手造り歯磨き。正真正銘、食べられる素材だけでできている。
「口は身体の入口。私が信頼を寄せている目利きが薦める、歯磨き粉。研磨剤や漂白剤を使っていない歯磨き粉は、歯茎と口腔内のケアに欠かせないアイテムです。歯茎が引き締まるのを実感できます」

販売先：https://www.el-sham.com/

「ナリンハーブオイル33+7」

中世の頃からスイスの修道院に伝わる薬草学をベースに、40種類のハーブを独自ブレンドしてつくられたアロマオイル。ロールオンタイプは日本限定。

「ミント系のすっきりした香りに、ほのかに香る甘さが爽やか。マスク生活が長い今、マスクにつけて使ったり、イライラしたときや就寝時、移動の際など、持ち運びに便利で使いやすいロールオンタイプが気に入っています」

販売先：コスメキッチン

「ファイバープロ」食物繊維サプリメント

ドクターが監修した、100%ナチュラルな成分から作られた天然グァー豆は、腸内の善玉菌のエサとなる水溶性植物繊維。

「現代人は圧倒的に食物繊維が足りていないと主治医から伺い、サプリを摂りはじめました。水溶性なのでコーヒーやお茶に入れてもサッと溶け、ことさらサプリメントを摂っているという感覚なしに、気軽に使えます」

販売先：https://www.doctors-design.jp/fiberpro

Trivia

シンデレラ・トリビア

シンデレラは「ディズニー生まれのプリンセス」ではありません

世界には、シンデレラの類話が、550種類以上も存在します。

もっとも古いものは、紀元前5～6世紀に遡るそうですが、一番有名なのは、1697年に、フランス人シャルル・ペローによって描かれたストーリーです。

ペロー自身はヴェルサイユ宮殿住まいの宮廷詩人。世界中の民話伝承のエッセンスを集め、魔法使いやかぼちゃの馬車、ガラスの靴などのファンタジー要素をたっぷり盛り込み、ひとつのストーリーを完成させました。

1950年、ディズニーがペローの物語を映画化したことで、「ディズニーのシンデレラ」として、広く知られるところとなったのです。

日本の文豪とシンデレラ

明治以降、日本には外国からさまざまな絵本が入ってくるようになりました。

坪内逍遙がシェークスピアを翻訳し、村岡花子は赤毛のアンを、森鷗外はアンデルセン物語を。

シンデレラは？　といえば、１８８６（明治19）年に、「郵便報知新聞（現在の「報知新聞」）」に掲載された『新貞羅』がもっとも古いものと言われています。その後も各出版社から数々のシンデレラ物語が紹介されますが、川端康成が翻訳し『ラング世界童話全集』に収められた『シンデレラ物語』には、珍しい雪のシーンが出てきます。

また、英語教育法研究のためイギリスに留学していた夏目漱石は、１９０１年にロンドンのヒポドローム劇場で『シンデレラ』のパントマイム劇を観劇したという記録が残っています。ヒポドローム劇場には、当時11歳のチャップリンが出演していましたが、残念なことに、漱石が観劇した当日、チャップリンはイギリス国内を巡業中。すれ違いだったそうです。帰国後、１９０５年に夏目漱石は『吾輩は猫である』を出版しました。

シンデレラ、本当の名前は「エラ」でした。

シンデレラの本当の名前は、「エラ」だったということを、ご存じですか？

継母、そして意地悪な異母姉たちにいじめられていたエラは、〝シンダー（＝灰をかぶった）

エラ〟と呼ばれていました。それがいつしか、〝シンデレラ〟へと変わっていったのです。

ところで、往年の大女優、オードリー・ヘップバーンの母の名前は、エラといいます。

オードリー初主演の映画『ローマの休日』（1953年公開）には、「12時に、私はかぼちゃの馬車で姿を消すわ」という有名なセリフがあります。

また、1957年に公開された映画『パリの恋人』は、『パリのシンデレラ』と言われました。オードリーが敬愛した、母の名前にちなんだ映画ですから、きっと特別な思いを込めての出演だったのではないでしょうか！

日本版シンデレラは「おしん」ちゃん？

1900（明治33）年、坪内逍遙が制作した高等小学校（現在の中学校に相当）の教科書では、シンデレラが「おしん」と名前を変えて、紹介されています。

当時の人々にとっては、洋装がまだまだレアだった時代。舞踏会は園遊会、ガラスの靴は扇、魔法使いは弁天様と、日本人の子供たちがイメージしやすいように「日本化」させて、翻案されていました。

また、シンデレラのキャラクターも日本人らしく、慎み深く謙虚な人柄のシンデレラに。最後には、「日ごろの心がけがよい報いに繋がりました」と結ばれているように、けなげな「おしんちゃん」が描かれています。

郷に入れば郷に従え？　世界各国で愛されるシンデレラ

シンデレラの物語は、さまざまな国でローカライズされ、語り継がれています。

中国のシンデレラは、仲良しだった魚を継母に食べられてしまいますが、後々、その魚の骨が、美しい服と金の靴を授けてくれます。宮殿でのお料理は、もちろん中華料理です。

ペルシャのシンデレラの願いを叶えた魔法のアイテムは、小さな青い水差しでした。王子様との出会いを呼び込んだのは、小さなアンクレット。

カリブのシンデレラは、小麦色に焼けた肌と、亡き母が遺してくれたマホガニーの杖で幸せを摑み取ります。そしてピンクの靴がきっかけとなり、王子と結婚するのです。

韓国では、シンデレラを助けてくれるのは牛やカエル、小鳥などの動物、そして天女。ドレスはもちろん、チマチョゴリです。

シンデレラのドレスは、ブルーとは限らない

シンデレラといえば、ブルーのドレスを連想する人が多いのでは？　確かに、ディズニー映画に登場するシンデレラは、ブルーのドレスを着ています。

でも実際には、その国の言葉に訳した翻訳者や画家、時代背景、トレンドなどにより、シンデレラのドレスの描写や色、デザインはさまざまです。

１９５０年、初となったアニメ映画でシンデレラが着ていたのは、白いドレス。

実は当時、「ピンクは毅然として強い印象を与えるので、男の子向き」、「ブルーは繊細で優美な女性向き」とされていました。現代のカラーイメージとは真逆ですね。

ディズニーが、なぜシンデレラのドレスにブルーを選んだのかは、明らかにされていません。聖母マリアを描くときに使われた色がブルーだった、神聖で清楚なイメージがブルーだった、あるいはヨーロッパでは、青は幸せや平和の象徴だから……など、さまざまな理由が考えられますが、真実は謎のままです。

魔法が解けたら馬車はかぼちゃに……！　ガラスの靴が残っていたのはなぜ？

12時になって魔法が解けたら……馬車もドレスも従者も、みんな元に戻ってしまうのに、どうしてガラスの靴は、そのままのかたちで残ったのでしょうか？

実はディズニー版に登場する魔法使いのフェアリーゴッドマザーは、「早く靴を脱いで」とシンデレラを促し、「新しい靴を出すわ」と言ってから、ガラスの靴を新しくつくっています。

謎は解けましたか？　靴以外のものはすべて、「元」となるものがあるので、魔法が解けたら以前の姿に戻ってしまうのです。でも、靴だけは「古い靴」に魔法をかけるのではなく、新しくつくられていたのですね。

多分、フェアリー・ゴッドマザーは、ガラスの

靴だけは最後まで残り、シンデレラに幸運を運んでくれることを、最初からわかっていたのではないでしょうか。

とはいえ、これはペロー版でのお話。グリム版では、シンデレラが舞踏会に履いていくのは、ガラスの靴ではなく金の靴なのです。

＊参考文献　川田雅直『世界のシンデレラ』ＰＨＰ研究所

Epilogue

あとがき

これまでの人生の節目節目。私はいつも目標を掲げ、その目標を叶えるために、一生懸命、走ってきました。

おかげさまで2度目の手術から丸10年が経ち、主治医の先生からも「一応、無罪放免だね(笑)」と、言っていただくことができました。

心から感謝しつつ、日々を過ごしています。

今、私にはかつてないほどの、大きな夢があります。

この本をきっかけにいっそう関わりを深めた、プリンセスミュージアム主宰、ギネス世界記録認定シンデレラコレクターの川田雅直さんと協力し、シンデレラ美術館をつくりたい。

美術館には、川田さんが所蔵するシンデレラの絵本やさまざまな作品を常設化して、その収益の一部を寄付することで、重い病に苦しむ子供たちや、子供たちを支えるご家族のためのお役に立ちたい。ケアハウスの設立も視野に入れ、私のできる限りの力で、彼らの支えになりたい。

これが私の夢です。

ケアハウスとは、退院後の子供やご家族をケアするための施設です。海外では病院に併設されていることも多いのですが、日本では、まだなかなか設立が進んでいません。

この施設の必要性を、なんとしてでも、たくさんの方に知っていただきたい。

ケアハウスに美術館が併設され、子供たちやご家族の心を和ませる、素晴らしい絵本や美術品のコレクションを展示できたら……!

この本の第2章では、「ウィッシュリスト」の作成をお薦めしていますが、現在の私のウィッシュリストには、一番最初に大きな字で、

「シンデレラ美術館をつくる」

と書いてあります。

この夢を実現するための第一歩が、この本を書くことでした。

本を書くにあたり、改めて歩んできた道を振り返ると、心の中にあふれてきたのは、感謝の言葉。

私を支えてくれたすべての人たちへ。

そして誰より、大地のように大きな心であたたかく、素晴らしい愛をもって育ててくれた、両親への感謝の言葉です。

婦人科系のがんに2回罹患し、子供を持つことが叶わなかった私。

両親の、祖父母の、脈々と受け継いできた先祖からの血を、絶やしてしまった私。

子供のとき、赤ちゃんに会いたいがために銭湯巡りをした程、子供が大好きだった私。

柔らかであたたかく、かけがえのない命を、この手に抱いてみたかった。

その喪失感は、計り知れません。

最愛の父は今、残り少ない命の砂時計と向き合うように、日々を過ごしています。

両親からもらったかけがえのない命を、次の世代へつなぎたかった。

子供がもてなかった私が、少しでも子供たちのためになることができたなら。
これが私の切なる願いです。

今、この夢の実現のために、自分ができることすべてをしなければ、私自身がこれまでの私を裏切ってしまう……。

もしかしたら、私が子育てにあてるはずだった膨大な時間と愛情を、シンデレラ美術館に費やすことは、運命だったかもしれないと思いはじめています。

誰のためでもなく、自分らしく生きるために。私自身が自分を信頼するために。シンデレラ美術館設立のため、無私と利他、敬天愛人の心で、全力で歩んでいく決心です。

最後に、夢の実現に向けての第一歩となったこの本を手に取ってくださった皆さまに、改めて感謝申し上げます。

私の経験や想いが、少しでも皆さまの気付きとなり、元気の源となれたなら。
それ程、嬉しいことはありません。

そして、この本の出版にご尽力くださったライターの河西真紀さん。ありがとうございました。

そしてそして、もう一人。「トレイン」代表取締役であり、私の夫である長谷川康之氏へ。いつもいつも悪態をついてばかりで、御免なさい。でも、私の不機嫌顔を知っているのは、この宇宙で唯一、あなただけです。

生きていてくれてありがとう。これからも末永く。よろしくお願いいたします。

2021年9月吉日　小枝雅与

Profile

小枝雅与

リポーターや司会業を務めた後、高級宝飾店のプレス。1989年に、PRプロモーション会社、株式会社トレインインターナショナルにて、PRディレクター。ルイ・ヴィトン、ロエベ、コンテスなどのファッションブランド、映画「マトリックス」「チャーリーズ・エンジェル　フルスロットル」、大手ワイン会社、ビール会社などの、PRイベントやPRプロモーションに関わる。

2000年起業の、ファッション雑貨企画販売、株式会社トレインでは、立ち上げメンバーとして取締役に就任。商品企画、プレス業務に関わり、初の自社ブランドである、イタリア製シリコンストッパー付きストッキング「ステイフィット」をヒットに導く。続いて、「メディカルステイフィット」「女優ミラー」「マカロンストラップ」「女の欲望」「ドルチェドンナ」などの、ヒット商品に関わる。国内最大手のテレビ通販、ショップチャンネルでは、年間に平均40時間以上、自らが出演し、自らがプロデュースした商品を紹介、販売。2020年6月には、イタリア製のインナーを、1日で2億円以上の売上を記録。同番組のカリスマゲストに認定され、18年間出演を続けている。

構成：河西真紀

人生《じんせい》を180度変《どか》える幸福《こうふく》のメソッド
シンデレラ　幸《しあわ》せを呼《よ》び込《こ》む７つの習慣《しゅうかん》

2021年10月11日　第1刷発行

著者　小枝雅与《こえだまさよ》
発行者　鈴木章一
発行所　株式会社　講談社
〒112-8001　東京都文京区音羽２丁目１２－２１
（販売）０３-５３９５-３６０６
（業務）０３-５３９５-３６１５

KODANSHA

編集　株式会社　講談社エディトリアル
代表　堺公江
〒112-0013
東京都文京区音羽1丁目１７－１８護国寺SIAビル
（編集部）０３-５３１９-２１７１
印刷　大日本印刷株式会社
製本所　株式会社国宝社

ISBN 978-4-06-525735-7
NDC595　175p　21cm

㈱ヤマハミュージックエンタテインメントホールディングス　出版許諾番号　20211499 P